王永玉 著

可复制的名师领导力

中原出版传媒集团
中原传媒股份公司

大象出版社
·郑州·

图书在版编目(**CIP**)数据

可复制的名师领导力 / 王永玉著. -- 郑州：大象出版社, 2024. 12. -- ISBN 978-7-5711-2291-1

Ⅰ. G451. 2

中国国家版本馆 CIP 数据核字第 20242Y53E7 号

可复制的名师领导力

KE FUZHI DE MINGSHI LINGDAOLI

王永玉　著

出 版 人	汪林中
责任编辑	赵晓静
责任校对	张英芳　张迎娟　乔　瑞　陶媛媛　马　宁
装帧设计	杜晓燕

出版发行	大象出版社（郑州市郑东新区祥盛街27号　邮政编码450016）	
	发行科　0371-63863551　总编室　0371-65597936	
网　　址	www.daxiang.cn	
印　　刷	河南龙华印务有限公司	
经　　销	各地新华书店经销	
开　　本	720 mm×1020 mm　1/16	
印　　张	15.75	
字　　数	248 千字	
版　　次	2024 年 12 月第 1 版　2024 年 12 月第 1 次印刷	
定　　价	49.80 元	

若发现印、装质量问题，影响阅读，请与承印厂联系调换。

印厂地址　河南省获嘉县亢村镇纬七路 4 号

邮政编码　453822　　　　电话　0373-6308296

前 言

教师是教育高质量发展的第一资源。习近平总书记在党的二十大报告中指出："教育、科技、人才是全面建设社会主义现代化国家的基础性、战略性支撑。"河南省始终高度重视教师人才队伍建设，2013年启动中原名师培育工程，2014年启动教师梯队攀升体系建设计划。10年来，全省教师梯队建设呈现出良好发展趋势和发展态势。通过建立中原名师工作室、河南省教师发展学校，以任务驱动的形式建立"一线名师培育一线教师、一线名校带动普通学校"的机制，教师梯队建设理念基本形成。以中原名师为引领，以新入职教师为基础，从校级骨干教师到省级骨干教师、从县级名师到国家名师，教师梯队攀升格局基本建立。成立了中原名师、省级名师和省级骨干教师培育项目办公室，建立了河南教育家书院、中原名师流动工作站，助力中原名师成长为豫派实践型教育名家，教师梯队建设管理体系基本健全。中原名师以"星星之火"在中原教育大地形成了"燎原之势"，中原名师群体效应初步显现。为服务基础教育高质量发展，中小学名师领导力的培育和发展是值得深入探讨的。构建与名师专业发展阶段相匹配的发展机制，变名师个体成长经验为引领其他教师专业发展的群体经验，是实现教育现代化和建设教育强国背景下教师队伍建设的现实诉求。

本书采用定量研究和质性研究相结合的混合研究方法，编制调查问卷对一些中原名师培育对象进行问卷调查，然后对部分名师进行了半结构式访谈。通过"名师之眼"和"名师之言"，发现中原名师培育对象这一群体有较强的领导力。摸清中小学名师领导力的发展现状是探究中小学名师领导力发展机制的现实基础。

本书借鉴了国内外学者关于教师领导力结构维度划分的相关研究成果，进一步构建了中小学名师领导力"三维十度"模型，探寻中小学名师领导力的发展结构。笔者认为追求自我成长与发展的"自我成长力"、聚焦课程与教学的"教学领导力"以及关注共同体建设的"团队建构力"是名师领导力的关键能力。

基于活动理论，本书围绕主体、客体、共同体、中介、规则和分工等六要素，从理论层面探寻了中小学名师领导力发展的影响机制。通过问卷调查和半结构式访谈，本书归纳出名师领导力发展具有自觉自主性、与时俱进性、借鉴互通性、间断持续性、全面综合性等显著特点。

根据活动理论六要素之间的相互关系，简要分析了名师领导力发展的生产子系统、分配子系统、交流子系统和消费子系统四大活动子系统。认为名师领导力发展过程中，时时有矛盾、处处有矛盾。为揭露名师领导力发展过程中的矛盾，本书对要素自身的矛盾、要素与要素之间的矛盾、中心活动与文化更先进活动之间的矛盾、中心活动与周边活动之间的矛盾四个层级的矛盾进行了阐释。矛盾是事物发展的动力，四个层级的矛盾构成中小学名师领导力发展的动力机制。

本书还对中小学名师领导力发展的实现机制进行了探究。从主体因素方面来说，名师要不断觉醒领导意识、培育领导技能，增强名师领导力发展的内生性；从中介因素方面来说，名师要以成长为抓手、以项目为驱动，以筑牢名师领导力发展的支撑性；从共同体因素方面来说，要塑造共同愿景、注重合作分享，打造名师领导力发展的共同体；从规则因素方面来说，要加强政策支持、优化成长环境，促使名师领导力发展的制度化；从分工因素方面来说，要切实简政放权、真正赋权增能，倡导名师领导力发展的分布式。

  在本书撰写过程中，本人得到全国诸多知名学者的悉心指导，得到河南省中原名师培育工程项目办公室的鼎力支持，得到了广大同仁的热情帮助，在此深表感谢。由于水平和能力有限，本书在理论的理解、框架的构建等方面难免存在不当之处，敬请各位专家学者批评指正。

王永玉
2024 年 10 月 25 日

目 录

第一章　走近名师领导力 …………………………………… 1

　　第一节　什么是名师领导力 ………………………………… 4
　　第二节　为什么要研究名师领导力 ………………………… 23
　　第三节　如何研究名师领导力 ……………………………… 30

第二章　中小学名师领导力发展的现状调查 ………… 49

　　第一节　调查问卷的设计与检验 …………………………… 51
　　第二节　调查数据分析 ……………………………………… 85
　　第三节　问卷调查的结果与启示 …………………………… 102

第三章　中小学名师领导力发展的构成维度 ……… 111

　　第一节　深度访谈及主要发现 ……………………………… 113
　　第二节　名师领导力的结构维度 …………………………… 127
　　第三节　名师领导力构成维度的模型构建 ………………… 151

第四章　中小学名师领导力发展的影响机制
　　　　及其特点 …………………………………… 157
　　第一节　名师领导力发展的影响机制 …………… 159
　　第二节　名师领导力发展的特点 ………………… 176

第五章　名师领导力发展的活动系统及动力机制 … 183
　　第一节　名师领导力发展的活动系统 …………… 185
　　第二节　名师领导力发展的动力机制 …………… 191

第六章　中小学名师领导力发展的实现机制 ……… 201
　　第一节　增强名师领导力发展的内生性 ………… 203
　　第二节　筑牢名师领导力发展的支撑性 ………… 208
　　第三节　打造名师领导力发展的共同体 ………… 211
　　第四节　促使名师领导力发展的制度化 ………… 216
　　第五节　倡导名师领导力发展的分布式 ………… 220

参考文献 …………………………………………… 224

附　　录 …………………………………………… 232

第一章

走近名师领导力

名师领导力是在教师领导力的基础上衍生出来的，要了解名师领导力，首先要了解教师领导力。教师领导力的研究起源于20世纪80年代美国教育改革对教师专业化的探讨。1983年，美国国家教育质量委员会发表《国家处在危机之中》（A Nation at Risk）的声明。该声明把教师素质、学生成绩与国家竞争力紧密联系起来，提出要提高在校教师的质量从而提高学生的成绩。该声明掀起了全美新一轮的教育改革浪潮。1986年，卡内基论坛发表了《国家之准备：21世纪的教师》（A Nation Prepared: Teachers for the 21st Century），提出教师应该成为领导者，教师为了适应变化，还需要被赋予新的责任和义务。1986年美国发布《明日的教师》（Tomorrow's Teachers），强调通过"U-S"（大学与中小学）合作以提高教师培训质量，为教师提供差异化的角色，建议赋权教师，鼓励教师参与学校管理。1988年，利伯曼（Lieberman）等人在《教师领导力：理念与实践》（Teacher Leadership: Ideology and Practice）一文中首次提出教师领导力的概念，随后，围绕"如何培养教师成为领导者"这一议题展开的研究越来越多，与之相关的研究成果日益丰富。"教师领导力"这个词语也进入了教育词汇表。"2006年剑桥大学教育学院甚至专门出版了一本名为《教师领导》的杂志来探讨教师领导力的有关问题。"[1]在一些国家，特别是美国、加拿大、澳大利亚，掀起了提倡教师领导力的浪潮，并提出了多种教师领导力的实践模式。培养本国教师成为领导型教师，使其充分发挥教师领导力，迅速地成为西方教育界的共识，亦是当今西方学校领导者培养和教师教育领域中最热门的议题。[2]而对于我国来说，有关教师领导力的研究刚起步不久。结合我国的国情，探究教师特别是优秀名师有没有领导力、名师要领导谁、名师如何领导、什么在影响名师的领导力、如何发展名师的领导力，具有非常重要的理论意义和现实意义。

---

[1] 郭凯：《教师领导力：理解与启示》，《课程·教材·教法》2011年第6期。
[2] 王绯烨、洪成文：《美国新兴教师领导力计划的理念、实操和保障》，《外国教育研究》2020年第1期。

第一节　什么是名师领导力

一、教师领导力

（一）领导

"领导"一词由"领"和"导"两字组成。从字源学的角度看，"领"字的本义为颈，即脖子。《诗经·卫风·硕人》："肤如凝脂，领如蝤蛴。"《毛传》："领，颈也。"[1]"导"字最早见于西周，本义为引导。《孟子·离娄下》："君使人导之出疆。"[2]从辞源学的角度看，"领"字有10个义项，分别为：颈项；衣领；治理；统率；了解、领略；兼任较低级的职务；受取；量词；山岭；春秋周地名。[3]"导"字有4个义项，分别为：指导、引导；疏通、流通；选择；引头发入冠帻的器具。[4]段玉裁在《说文解字注》里是这样说的："领犹治也。领，理也。皆引申之义，谓得其首领也。""导者引也。"从其原始含义中，"领"和"导"二字均有引导、治理的意思。在《现代汉语词典》里，"领导"一词有两个义项：作为动词，是率领并引导；作为名词，是担任领导工作的人。[5]由此可见，在汉语语境中，如果"领导"作为一个名词，它往往指的是领导者；如果"领导"作为一个动词，它往往指的是领导过程或领导活动，强调对他人和团体的影响。

---

[1] 李学勤：《字源》，天津古籍出版社，2012，第778页。
[2] 李学勤：《字源》，天津古籍出版社，2012，第244页。
[3] 何九盈、王宁、董琨：《辞源》，商务印书馆，2015，第4468页。
[4] 何九盈、王宁、董琨：《辞源》，商务印书馆，2015，第1188页。
[5] 中国社会科学院语言研究所词典编辑室：《现代汉语词典（第7版）》，商务印书馆，2016，第832页。

对于什么是领导,很多学者却是各执一词、莫衷一是。萨乔万尼(Sergiovanni)指出:"领导这个话题代表着社会科学莫大的悲哀。"[1]彼得·诺思豪斯(Peter Northouse)在其所著《领导学:理论与实践》中认为,尽管定义领导的方法多种多样,但有一些要素却被认为是领导现象的核心:(1)领导是一个过程;(2)领导包含影响;(3)领导出现在一个群体的环境中;(4)领导包含实现目标。[2]综合相关研究可以发现,领导的最核心要素有以下四个方面:一是领导是一个过程,二是领导的目的是实现组织目标,三是领导离不开情境,四是领导需要通过情境施加影响。

基于以上研究,本书将"领导"界定为:为实现组织目标,个体或群体对周围环境施加影响的过程。

(二)领导力

"领导力"来自英文"leadership"。同领导一样,对于什么是领导力,人们也是各执一词。有学者统计,2005年学者们已经赋予领导力这个术语多达350种定义。我国学者余清臣认为只要满足三个主要条件,就会出现概念内涵纷争的局面,即概念所指并不十分确切,概念所在领域有明显的建构空间,人们愿意不断思考这些概念。对领导力定义的多元化或许从一个侧面说明,人们对领导力这个概念在不断地思考和建构,这也为研究领导力问题提供了广阔的空间。

"leadership"既可以翻译成领导,也可以翻译成领导力,但是两者具有差异性。从定义的属性来看,领导可以视为一种过程,而领导力则主要表示的是一种能力或能力体系。从定义的种差来看,二者所规定的内涵不同,领导关注的焦点是在实现群体或组织目标的特定情境中的领导者与被领导者的互动过程,而领导力主要关注的焦点是领导者吸引和影响被领导

---

[1] 托马斯·J.萨乔万尼:《道德领导:抵及学校改善的核心》,冯大鸣译,上海教育出版社,2002,第4页。
[2] 彼得·诺思豪斯:《领导学:理论与实践》,吴荣先等译,江苏教育出版社,2002,第2页。

者从而实现组织目标的能力。[1]

为便于把握领导力的真谛,笔者对典型的领导力定义进行了整理(如表 1-1-1 所示)。

表 1-1-1　领导力定义整理表

学者	对领导力的定义
斯托格迪尔	领导力是针对组织目标、完成目标并影响群体活动的能力
休斯	领导力是说服他人做好某项工作的能力
哈里斯	领导力是为组织提供共同愿景、必要指导和支持,促进组织更加独特、更加完善并推动组织进行变革的能力
约翰·C. 马克斯韦尔	领导力就是能够影响他人,赢得追随者的能力
查普曼	领导力就是我们能够激励别人实现那些极具挑战性的目标,影响别人的能力
中国科学院"科技领导力研究"课题组	领导力是领导者在特定的情境中吸引和影响被领导者与利益相关者并持续实现群体或组织目标的能力

从学者对领导力的界定来看,领导力其实也有一些共同遵循的要素:第一,领导力是在一定的情境下发挥出来的;第二,领导力是一种影响力,其发挥需要对他人施加影响;第三,领导力具有目标导向,是为了实现一定的组织目标。基于以上分析,本书认为,领导力就是在一定的情境中,领导者为实现特定目标,影响他人的能力。

(三)教师领导力

对于什么是教师领导力,目前还没有一个被学界公认的概念。约克-巴尔(York-Barr)把教师领导力形象地比喻为"伞形术语"(umbrella term),因为这一概念涵盖了一系列多层次的活动。依据现有研究,教师领导力的内涵,根据其聚焦点可以分为四种:

---

[1] 中国科学院"科技领导力研究"课题组:《领导力五力模型研究》,《领导科学》2006 年第 9 期。

1. 教师领导力角色说

此观点认为教师领导力是"基于领导角色"（Leader Role-based）。马克·A.斯迈利（Mark A. Smylie）指出，教师领导力被定位为正式的角色和头衔所发挥的指导作用。[1]领导力通常来自担任特定领导角色的教师，领导力的发展即等同于领导角色的发展。这一观点是传统领导观的延续，它把领导力的本质等同于领导角色，偏离了领导力的本质。美国学者奥希亚（O'Hair）等指出，教师领导力的本质在于领导行为，而非领导角色。[2]英国学者弗罗斯特（Frost）认为，教师领导力发展不仅在于教师担任正式的领导角色，关键还在于教师如何发挥领导潜能，对其他教师和周围环境产生积极影响。[3]

2. 教师领导力能力说

2003年英国普通教育委员会和全国教师联合会将教师领导力定义为"教师在课堂内外实施领导的能力"。美国教师领导力专家卡岑梅耶（Katzenmeyer）和穆勒（Moller）在其著作《唤醒沉睡的巨人：帮助教师发展成为领导者》中指出，发展领导能力是教师成功从事领导工作，有效参与领导活动的先决条件。加拿大学者皮尔斯（Pearce）认为，教师领导力是一种技能，主要通过教师专业发展、领导力发展项目、领导能力标准而得到发展。[4]该种观点把教师领导力建构在教师的领导能力上，特别是优秀教师的教学领导力和课程领导力。如果一个教师有突出的能力，但是这种能力没有用在促进学生发展、学校改进上，那么这种能力并不是领导力。

---

[1] Mark A. Smylie, *Research on Teacher Leadership: Assessing the State of the Art* (Dordrecht: Kluwer Academic Publishers, 1997), pp.521–592.

[2] M. J. O'Hair, U. C. Reitzug, "Teacher Leadership: In What Ways? For What Purposes?" *Action in Teacher Education* 3 (1997): 65–76.

[3] D. Frost, "Teacher Leadership: Values and Voice," *School Leadership & Management* 4 (2008): 337–352.

[4] K. Pearce, "Creating Leaders through the Teacher Learning and Leadership Program," *The Educational Forum* 1 (2015): 46–52.

3. 教师领导力过程说

2011年5月，华盛顿教育研究中心发布的《教师领导示范标准》将教师领导力定义为，教师以改进教学实践、提高学生的学习成绩为目的，以个人或集体的方式影响其同事、校长和学校社区等其他成员的过程。约克-巴尔和杜克（Duke）为教师领导力"过程说"进行了定义，即"教师个人或集体影响其同事、校长和其他学校社团成员，通过改善教学和学习实践以提高学生的学习成绩的过程"。我国学者吴颖民认为，教师领导力似乎更强调一种过程，是把教师的"领导作用"放在引导和协调组织成员完成组织目标的过程中来认识的。[1]

4. 教师领导力生态说

该种观点将关注焦点由领导者转向领导者所处的关系网络和环境系统[2]，它把教师领导力的发展置于一个由政策制度、学校文化、组织结构、人际关系等构成的网络系统中，即注重营造良好的生态系统促进以领导实践为核心的领导力发展。教师领导力生态说，主要从学校实践层面，营造良好的学校文化，创建分布式领导模式，构建教师学习共同体等方面发展教师领导力。

基于上述研究观点，笔者更加倾向于教师领导力能力说，认为教师领导力就是教师不论职位或者职务，积极行使领导行为，在一定的情境中为实现特定目标而影响他人和组织的能力。

二、研究的现状

（一）教师领导者素质特征研究

哈里森（Harrison）和基林（Killeen）对教师领导者的定义是，正式或者非正式地担任领导者角色，能够为学校和学生的成功提供支持的教师。卢乃桂对教师领导者的理解是，不论角色与职位，行使领导的教师。很多

---

[1] 吴颖民：《国外对中小学教师领导力问题的研究与启示》，《比较教育研究》2008年第8期。

[2] D. V. Day, "Leadership Development: A Review in Context," *The Leadership Quarterly* 4 (2001): 581–613.

学者对教师领导者应该具有什么样的素质特征较为关注，也产生了一些具有代表性的成果。约克-巴尔和杜克对近20年来美国学者有关教师领导者素质特征进行了"元研究"，总结出了作为教师以及教师领导者分别应当具备的素质特征（见表1-1-2），对我们的研究具有较强的借鉴意义。

表1-1-2　作为教师以及教师领导者应当具备的素质特征

角色	素质特征
教师	在教学领域有丰富的经验和优秀的教学技能 掌握全面的关于教学、课程方面的知识 有清晰的个人教育哲学 具有创造性、革新精神；喜欢挑战并寻求发展；喜欢冒险，终身学习，有教学热情 对活动有责任心 受同事尊重、欣赏，并被认可能够胜任工作 能敏锐捕捉并接纳他人的观点及感受 无论感知外界信息，还是处理情感方面，都具有高度的灵活性 工作勤奋，善于安排自己的工作，有良好的管理组织技能
教师领导者	与同事建立信任、亲密、合作的关系，通过良好的人际关系影响学校文化；支持同事，并鼓励同事的成长 通过交流发挥自己的影响，包括良好的倾听技能 具有化解冲突的能力，能运用协调技巧，妥善解决各类问题 有效处理小组进程的能力 拥有处理流程的能力，能够对学区和教师的需求及关心问题进行评估、阐释，并依据轻重缓急妥善处理 充分理解组织诊断和组织中的"远大图景"，能全面预见管理者和教师决定的后果

通过作为教师和作为教师领导者应当具备的素质特征的对比，我们可以清晰地发现教师领导者与教师显著不同的素质特征。作为教师领导者，除具备作为教师的素质外，更加强调沟通、协调、交流、合作等能力的发挥，以彰显对学校、同事的影响。这为我们把握教师领导者素质特征的多元性和多样化提供了视角。

（二）教师领导力影响研究

从现有文献资料研究看，教师领导力的积极作用主要体现在四个方面：一是对教师领导者的影响，二是对教师团队的影响，三是对学生发展的影响，四是对学校组织的影响。

1. 对教师领导者的影响

巴思（Barth）认为，教师领导者在实施领导力的同时，也为教师领导者自身提供了学习机会，进而促进自身素养的提升。瑞恩（Ryan）认为，教师领导者通过学习掌握了领导技能，会以一种新的视角看待问题，可以改变自己惯有的看待问题的角度。斯迈利的研究表明，教师领导力可以提高教师的专业水平，因为教师领导者在发挥领导力的过程中，能够提高教师的知识和技能。亨森（Henson）的研究认为，教师领导者在学习的过程中，会加深自己对教学的理解，设计新的教学评价方式，提升自己的科研能力。希普（Hipp）和绍特（Short）的研究表明，教师领导力能够激发教师的主观能动性，从而提升效能。杜克指出，教师领导者在参与学校决策的过程中，能够提升教师的满意度，从而增强其心理获得感，可以降低教师的职业倦怠水平与离职率。

上述学者都认为，教师领导力会对教师领导者产生影响。归纳起来，可以看到：教师领导者通过学习、实践，掌握了一定的领导知识和技能，能够促进自身素质的提高；在与同伴交流的过程中，能够提升教师的心理获得感和自我价值感，能够激发教师领导者自身的工作效能；教师领导者在指导、帮助同事的过程中，促进其不断思索教育教学问题，能够提高教师领导者的科研意识、科研能力和科研水平；教师领导者通过发挥示范、带动作用，在促进同伴发展的同时，也能够促进自身专业发展。

2. 对教师团队的影响

综合相关学者的研究，教师领导力能给予教师团体以积极作用，这种积极作用的发挥主要遵从以下三种路径：一是在教育学生的过程中，教师领导者能够处理学生管理中经常遇到的难题，给普通教师以榜样；二是在教学过程中，教师领导者能够轻松解决教学中的各种难题，给普通教师以示范；三是在教师职业发展过程中，教师领导者能够帮助普通教师进行职业生涯规划和项目规划，给普通教师以指导。也就是说，教师领导者在教育教学、教研科研、个人发展等方面都能对教师团队带来积极的影响。

但也有研究者认为，教师领导力给教师团队带来了一些消极影响，主要体现在教师之间的关系上，教师领导力使教师领导者与普通教师之间产生了距离与矛盾。如韦斯（Weiss）通过对6所高级中学的集中研究，发现在学校决策的过程中，教师之间存在着明显的矛盾，在教师领导者之间、教师领导者与普通教师之间、普通教师之间均存在对于决策权威的困惑与不满。

3. 对学生发展的影响

教师领导者在发展和提升自身领导力的过程中，能够激发自身的工作热情，不断提高自身的教学技能，对学生的学习和成长都会产生积极的影响。在这方面，瑞恩、马克斯（Marks）等学者做了大量的实证性研究，对学生发展具有的积极影响也得到了证明。瑞恩通过质性研究发现，教师领导力的实施，可以提高教师的教学技能，也可以提高教师参与学校决策的比例，对学生学习会产生积极的影响。马克斯也做了一个类似的长达4年的质性研究，他发现当教师被赋权时，可以激发教师提高自己教学实践的动力，并转化为持续优化的教学行为，促进学生学业成绩的提高。

许天佑研究了中学教师领导力相关构成要素的单变量或多变量对学生学习的影响，该研究以"领导力五力模型"为基础，构建了教师领导力结构框架，并通过问卷调查，研究教师领导力五个变量对学生学习的影响。研究发现，教学领导力、对教育工作的热爱（属于人格魅力）、专业知能和对学生需求的了解（属于教育影响力）等变量对学生学习影响显著，此外，决断力可以提高课堂管理水平，前瞻力要求教师对学生的期望应当符合个人愿景，并且与学生的知能水平和个性发展特征相一致。[1]

4. 对学校组织的影响

教师领导力对学校组织的影响，主要表现为两个方面：

一是学校文化与学校组织结构是相互影响的。学校文化通过制度、传统、礼仪、价值观等表现出来，对全校师生会产生潜移默化和深远持久的

---

[1] 许天佑：《H地区中学教师领导力对学生学习的影响研究》，硕士学位论文，华中师范大学，2012，第Ⅰ页。

影响。依据分布式领导理论，教师领导力的发展，能够促使相互信任、合作共享、平等交流等文化的形成。因此，能够促进学校文化的改善。

二是教师领导力倡导赋权于教师，这势必会打破原有的科层式模式，从而建立新的领导模式。学校传统的组织结构是科层式的等级制结构，在分布式领导理念下，会让位于分布式领导、参与型领导、平行式领导、组织型领导等新模式。在这种新模式下，在学校占据一定职位的科层领导并不独享权力，而是强调组织成员间的相互影响。因此，能够打破传统的科层式模式。

（三）教师领导力影响因素研究

1. 外部影响因素

（1）学校校长。我国中小学普遍实施校长负责制，学校校长的态度对教师领导力来说是一个异常重要的影响因素。教师领导力的发展离不开校长的支持，这已经成为学界的一种共识。斯迈利认为，校长显著影响教师领导力发展，校长凭借自身角色可决定参与领导力发展活动的教师人选，主导领导工作设计，塑造学校组织环境，决定资源投入等。就如何促进教师领导力发展，巴思等学者的研究表明，校长要学会调整自身的角色，学会放权，赋权于教师，为教师提供各种资源和发展机会，校长应成为"教师领导者的领导者"，校长不是让自己成为英雄，而是"成为英雄制造者"。

（2）教师领导者角色与人际关系。教师们非常愿意认同一个假设的"教学大师"或高效的教师，但是他们并不能接受担任领导职务的人是自己的同事。当教师成为领导者之后，他与同事的关系会发生微妙的变化。能不能与同事形成一种民主、合作、信任的关系，直接影响教师领导者领导力的发挥。如果教师领导者能够赢得同事的信任，将会促使教师领导力的发挥；反之，如果教师领导者遭到同事的排斥，则会阻碍教师领导力的发挥。因此，只有建立积极有效的关系，才能够得到同事的理解和支持；只有在宽松的环境中，教师领导者才能够与同事进行顺利的沟通，并得到及时的反馈。

（3）学校组织结构。传统学校组织结构具有显著的弊端：一是等级结构会造成教师之间的孤立。在传统科层组织内，教师之间的关系是一种竞争的关系，竞争造成教师在工作中各自为政。二是等级结构缺乏奖励激励性制度。在传统科层组织内，教师领导者可能不占据一定的行政职位，即使教师领导者被赋予了某种角色，可以行使一定的职权，但是这种职权的行使一方面缺乏配套的资源，另一方面教师领导者也没有更多的时间和精力去行使职权。而学校组织结构的重组有利于促进教师之间的合作，当学校鼓励教师表达意愿时，能够激励教师参与到学校管理事务中来。

（4）学校文化。哈特（Hart）研究的同一个项目在两个学校实施中展现出相反效果。一个学校具有开放性，教师与教师之间密切合作、及时沟通、即时反馈，因此对项目有积极的评价；另一个学校校长缺乏远见，教师与教师之间缺乏积极的沟通，因此对项目有消极的评价。

2. 内部影响因素

内部影响因素主要涉及教师的个人感知和个人能力。在个人感知方面，哈里斯（Harris）和缪伊斯（Muijs）的研究表明，教师担任领导角色的意愿、经验和信心对教师领导力水平的发挥会产生重要影响。教师领导力受教师领导者的意愿影响。如果一个教师领导者没有意愿发挥影响力，那么他就不是真正意义上的教师领导者，也就不会提高教师领导力。在个人能力方面，教师领导者需要具备专业知识、个人权威，还要具有人际交往能力和情境理解能力。

（四）关于教师领导力培养研究

教师领导力不是从天而降的，要将教师培养成领导者，是一项系统工程。从内部因素来看，需要教师领导者有主动培养自身的意愿和能力；从外部影响因素来看，既需要学校、校长的支持，也需要学校及校长提供必要的物质条件和精神条件。只有汇聚多方资源，才能助推教师成为领导者。

首先，教师领导者要培养自己的个人能力。教师要想成为领导者，需要着重培养的能力包括与他人合作的能力、有效教学的技能、表达并向他人交流愿景的能力、建立共同体的能力、为自己和他人赋权的能力、探究式教学能力、领导课程评价与课程改进的能力、帮助伙伴建立主人翁意识的能力等。其次，从学校、校长支持的角度来看，既需要学校、校长在观念上认同分布式领导理念，愿意授权给教师领导者，又需要学校、校长在行动上能够汇聚各方资源支持教师领导者的发展。只有知行合一，才能真正助推教师领导者的发展。

（五）教师领导力模型研究

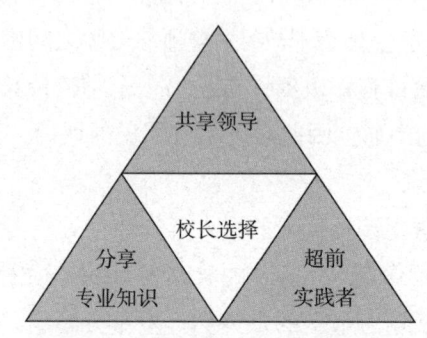

1. 教师领导的四因素模型

教师领导的四因素模型是安吉拉（Angelle）、德哈特（Dehart）等人根据教师领导力量表和开放式访谈，并经过了多次理论分析和实证研究建构的模型。

图 1-1-1　教师领导的四因素模型

资料来源：C. A. Dehart，"A Comparison of Four Frameworks of Teacher Leadership for Model Fit"（University of Tennessee，2011）。

教师领导的四因素模型主要阐明了教师领导行为发生所应具备的四个要素（如图 1-1-1）：第一个要素"校长选择"居于模型的中心位置，表明校长对教师领导具有重要意义，它指校长选定特定的教师担任领导角色，以及其他教师对校长选择哪些教师成为教师领导者的看法。第二个要素"共享领导"，是指教师领导者具有承担领导责任的意愿，而校长也愿意授权给教师领导者。第三个要素"分享专业知识"，主要指教师领导者有意愿分享教学、课堂管理等知识。第四个要素"超前实践者"，表明教师愿意成为领导者，进而去发挥更多的影响力。

2. 基于伙伴支持的教师领导模型

2017 年，美国非营利性机构 WestEd 的未来教与学中心对近 800 名教师参与的教师实践网络项目进行总结，发布了基于伙伴支持的教师领导模型。该模型认为教师领导者要承担五种角色——教室内的教师、指导者、促进者、课程开发者 / 专家、管理者，并对每种角色所承担的责任进行划分（如图 1-1-2）。

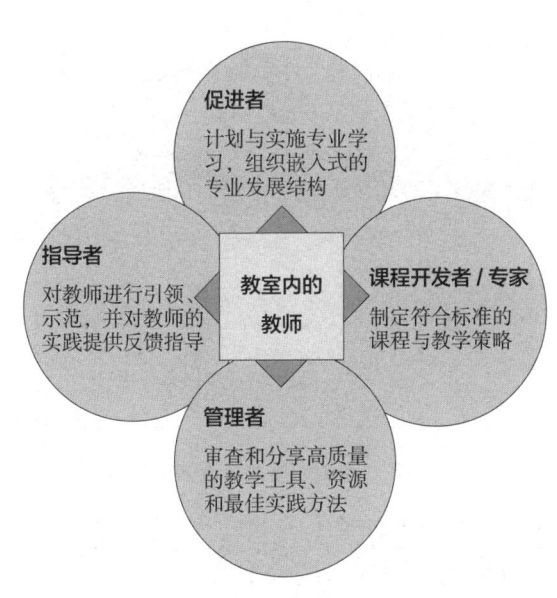

图 1-1-2　基于伙伴支持的教师领导模型

资料来源："Forging partnerships: A Model for Teacher Leadership Development," WestEd, Center for the Future of Teaching and Learning, accessed October 17, 2019, https://thecenter.wested.org/wp-content/uploads/2017/05/resource-cftl-forging-partnerships-a-model-for-teacher-leadershipdevelopment.pdf.

教师领导者作为指导者对其他教师进行引领和示范，作为管理者审查和分享教学资源，作为促进者计划和实施专业学习，作为课程开发者/专家制定符合标准的课程与教学策略。通过这些角色，教师领导者以多种方式影响课程教学实践，并与同伴开展合作与学习，共同提高教育效果。

3. 教师领导力发展的生态模型

美国学者菲利普·坡克尔塔（Philip Poekert）、达比安内·香农（Darbianne Shannon）和英国学者艾力克斯·亚历桑德罗（Alex Alexandrou）通过对参与美国"佛罗里达专家教师计划"（Florida Master Teacher Initiative）的49名教师领导者进行访谈，于2016年基于扎根理论建构了教师领导力发展的生态模型（Ecological Model）。该模型经验证，是一种较为有效的模型，具有较强的现实依据（如图1-1-3）。

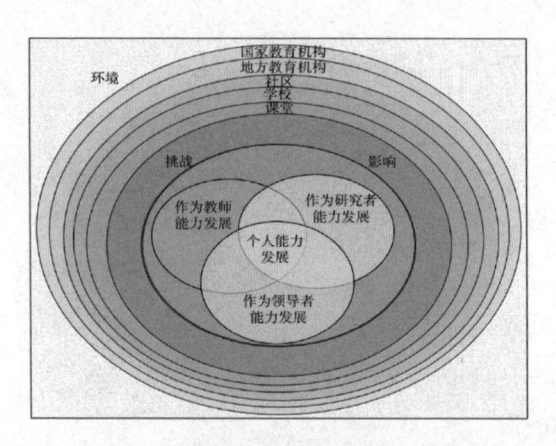

图 1-1-3　教师领导力发展的生态模型

资料来源：P. Poekert, A. Alexandrou, D. Shannon, "How teachers become leaders: an internationally validated theoretical model of teacher leadership development," *Research in Post - Compulsory Education* 4（2016）：307-329.

该生态模型由一个内圈和多层外圈构成，以生态系统理论为理论依据。内圈有三个相互重叠的能力圈，分别是作为教师能力发展、作为研究者能力发展、作为领导者能力发展，代表教师领导力发展的内容。外圈是一个多层嵌套结构，由课堂、学校、社区、地方教育机构、国家教育机构等构成，代表教师领导力发展所需要的生态系统支持。

4. 教师领导力发展模型

教师领导力发展模型，是由卡岑梅耶和穆勒建构的。卡岑梅耶和穆勒认为，"我是谁？""我在哪里？""我如何引领他人？""我能做什么？"这四个问题在教师领导力发展中至关重要。与此四个问题相对应，卡岑梅耶和穆勒提出的教师领导力发展模型分为四个部分（如图 1-1-4）：一是自我评估，教师要审视自己的个人信仰和价值观；二是不断变化的教学环境，教师领导者要了解学校情境和学校文化，关注学校共同体；三是策略影响因素，要求教师获得领导技能；四是行动计划，做好准备采取行动。

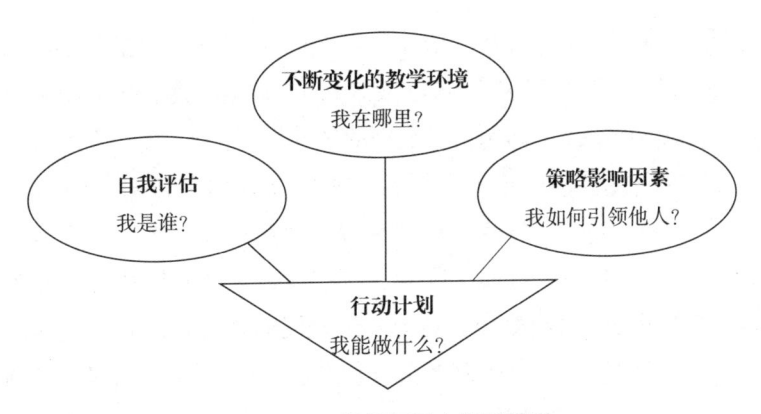

```
         不断变化的教学环境
            我在哪里？

  自我评估              策略影响因素
  我是谁？              我如何引领他人？

         行动计划
         我能做什么？
```

图 1-1-4　教师领导力发展模型

资料来源：M. Katzenmayer, G. Moller, *Awakening the Sleeping Giant: Helping Teachers Develop as Leaders*（3 rd ed.）(CA: Corwin Press, 2009), pp.58-61.

5. 教师领导力发展的分析模型

教师领导力发展的分析模型（Analytic Model）是由美国研究者马克·斯迈利和乔纳森·埃克特（Jonathan Eckert）于2017年提出的，之后被乔纳森·埃克特和艾丽莎·多特里（Alesha Daughtrey）完善并应用。该模型是在对前人研究分析的基础上，以演绎思维建构的，注重从学校层面分析教师领导力的发展过程。（如图 1-1-5）。

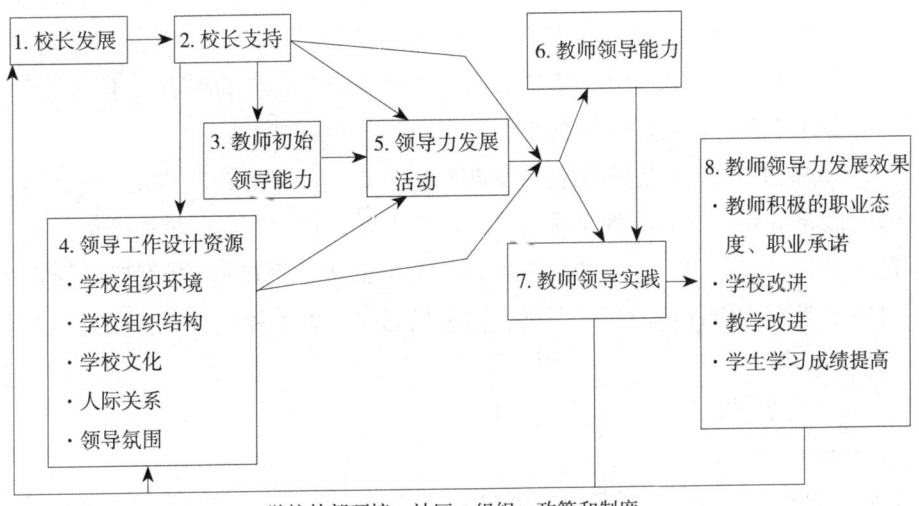

```
1.校长发展 → 2.校长支持          6.教师领导能力
                ↓
            3.教师初始    5.领导力发展
            领导能力  →   活动                  8.教师领导力发展效果
                                                ·教师积极的职业态
4.领导工作设计资源                                度、职业承诺
 ·学校组织环境                    7.教师领导实践 → ·学校改进
 ·学校组织结构                                   ·教学改进
 ·学校文化                                      ·学生学习成绩提高
 ·人际关系
 ·领导氛围

     学校外部环境：社区、组织、政策和制度
```

图 1-1-5　教师领导力发展的分析模型

资料来源：M. A. Smylie, J. Eckert, "Beyond superheroes and advocacy: The pathway of teacher leadership development," *Educational Management Administration & Leadership* 1（2017）: 556-577.

发展教师领导力需要解决五个方面的问题。一是"愿景"（vision）问题：出于什么目的？在什么时间（现在或未来）、地点？发展什么样的领导力？二是"对象"（target）问题：发展谁的领导力？三是"结果"（outcomes）问题：为实现愿景，应培养发展对象的哪些能力和行为？四是"手段"（means）问题：为实现发展结果，应采取哪些活动或措施？五是"影响因素"（antecedents and moderators）问题：哪些因素会影响领导力发展活动？如何解决这些问题是实现教师领导力系统发展的关键。该分析模型正是基于上述问题框架建构的。分析模型由校长发展（1）、影响因素（2、3、4）、发展活动（5）、发展结果（6、7）、发展效果（8）构成，反映了以教师为发展对象，以领导力发展活动为中介手段，以领导能力和领导实践发展为目标结果，以发展效果为预期愿景的问题框架。

三、名师领导力

（一）名师内涵与特征

"名师"一词，最早见于《韩非子·初见秦》："今秦地折长补短，方数千里，名师数十百万。"这里的"名师"指的是精锐的军队。《现代汉语词典》对"名师"的解释是有名的教师或师傅。[1] 从这一解释可以看出，"名师"有广义和狭义之分：广义的名师泛指社会各界的杰出人才，狭义的名师是指教育领域优秀的教师。

名师的核心特征是名师拥有鲜明的教学观、独特的教学实践、显著的教学改革成果、优异的教学质量、高深的专业知识、高尚的师德师风、高超的教育科研能力、感人的人格魅力和突出的教学贡献等。[2] 名师的标识性特征是以大情怀传递育人温度、以勤反思赋予教学深度、以善研究凸显

---

[1] 中国社会科学院语言研究所词典编辑室：《现代汉语词典（第7版）》，商务印书馆，2016，第912页。
[2] 转引自许家盘、李如密：《我国名师教学风格研究：回顾、反思与展望》，《中国教育科学》2022年第3期。

思想高度、以强辐射展示影响广度。[1]关于名师特征的研究比较丰富，根据现有文献分析，可以发现，研究者主要从以下一个或多个视角进行了研究：一是名师个体所具备的品质、能力视角。如康万栋、张泉等学者认为，名师应该品行端正、师德高尚、学识渊博、教育技能精湛等。二是从学生的视角。如王标、宋乃庆、李源田等学者认为，名师应该为人师表、以生为本、诲人不倦、关爱学生等。三是从教学实践和教学效果的视角。如王毓珣、唐武魁等学者认为，名师应该敢于教学创新、在区域内影响深广等。三大视角的组合优化，构成不同的名师特征。之所以会出现这样的现象，是由于现在名师变成了一个统称，其类型是多种多样的。根据授予的行政级别看，从校级到国家级，具有层级性；根据其服务的学校层次看，有高校名师、中小学名师、幼儿园名师等，具有广泛性；从名师呈现方式看，有特级教师、学术技术带头人、优秀教师、骨干教师、首席教师、工匠教师等，具有多元性；从其擅长领域来看，有的名师擅长教育，有的名师擅长教学，有的名师擅长研究，有的名师擅长教研，具有多样性。因此，名师的特征也就多种多样。

（二）名师的价值

名师的价值是国内学者普遍关注的一个热点问题。学者凌水明认为名师是学生的导师，名师是教师的榜样，名师是地方的名人，名师是国家的脊梁。[2]从对学生、对学校、对社会和对国家等角度对名师的价值进行阐述，具有一定的代表性。

在对名师的积极价值进行论述的同时，也有学者提出，名师会带来一些负面影响，如名师效应会导致家长的择校、择班、择师以及大班额问题。但这也从另一个侧面反映出名师的影响之大。

---

[1] 陈芬萍：《新时代中小学名师专业成长与基本理路》，《中国教育学刊》2020年第5期。

[2] 凌水明、葛高芳：《试论名师的特征、价值和成长条件》，《新余高专学报》2004年第4期。

（三）名师的成长阶段

早在 2005 年,王铁军、方健华就认为,教学名师成长存在"关键期"和"突破期"现象。[1] 成尚荣从名师发展动力、设定的发展目标、预设的发展计划、发展的策略和方式、预定的成果五个方面分析,认为名师成长具有非连续性。[2] 陈芬萍认为,名师的发展之路可分为起步期、关键期和成熟期三个发展阶段,并对每个阶段的大致时间节点以及每个发展时期的着力点进行了论述（见表 1-1-3）。[3]

表 1-1-3　名师发展历程

发展阶段	时间节点	着力点
起步期	新入职的 3—5 年	对标专业标准,立足课堂教学,学做课例研究
关键期	入职 8—10 年	以克服倦怠为先,以改革创新自强,以行动研究固本,以个性特色出众
成熟期	10 年左右	有鲜明标志,有价值引领,有实践示范

综合上述学者观点,笔者认为,名师的成长是非连续性和连续性的统一,二者相互影响、相互作用、相互制约。名师的成长具有非连续性,并不是所有的名师都能顺利跨越名师成长的发展阶段,越往上发展越困难;名师的成长又具有连续性,名师的成长不是一蹴而就的,而是通过一个阶段又一个阶段累积出来的,前一个阶段是后一个阶段的基础,后一个阶段是前一个阶段的结果,具有鲜明的"滚雪球"效应。

（四）名师的成长路径

影响名师发展的因素,主要有主观因素和客观因素。与此相适应,名

---

[1] 王铁军、方健华:《名师成功:教师专业发展的多维解读》,《课程·教材·教法》2005 年第 12 期。

[2] 成尚荣:《非连续性发展:名师成长的理论新视野》,《中国教育学刊》2017 年第 11 期。

[3] 陈芬萍:《新时代中小学名师专业成长与基本理路》,《中国教育学刊》2020 年第 5 期。

师成长也有外部机制和内部机制两种路径。

陈芬萍认为,名师成长的外部机制主要有:在名师培养上,由重个体培养转向梯队建设;在名师评价上,由重外显成果转向内在价值;在名师管理上,由重规约规范转向放权赋责。朱宁波、秦丽楠认为,未来的中小学名师培养要实现四个转变,即培养目标由"外促"到"内生",培养方式由"共性"到"个性",培养内容由"反思"到"建构",培养价值由"个体优秀"到"群体共生",进而促进中小学师资整体水平的提升。[1]

教师在专业发展过程中,要参与名类繁多的培训、工程,这些往往是由教育行政部门或教研部门组织的。只有参与到这些培训、工程之中,教师的专业发展才算得上进入正轨。如果没有参与到这些培训、工程之中,教师基本上与更高层次的专业发展无缘。[2]全国各地都有相应的名师工程,如浙江省的"领雁工程"、北京市的"名师工程"、河南省的"中原名师培育工程"、山东省的"齐鲁名师建设工程"等。各地通过对培养对象的选拔、考核、管理、认定、奖励等环节,促进名师成长。从具体培育方式和措施看,主要有开设名师论坛、课题研究、集中培训、同课异构、考察学习、专家讲学、专题研讨等。

至于名师成长的内部机制,郑爽认为名师成长的内驱力来自三个方面:一是自觉意识,二是自我意识,三是首创精神。[3]方健华认为,教师发挥内驱力,成长为名师的具体途径是学习、实践、反思与研究。[4]

(五)名师领导力

根据以上名师内涵、名师特征、名师价值、名师成长阶段、名师成长路径等相关研究,从"属+种差"的定义方法来看,名师外显为名、内核为师。

---

[1] 朱宁波、秦丽楠:《新时代中小学教学名师的培养策略》,《教育科学》2020年第1期。

[2] 李帅军、王永玉:《基础教育教师专业高质量发展路径的校本探究》,《河南师范大学学报(哲学社会科学版)》2022年第1期。

[3] 郑爽、胡凤阳:《"名师热"的冷思考》,《教育学术月刊》2011年第3期。

[4] 方健华:《教师专业成长的土壤、空间与路径——以江苏名师为例》,《当代教育科学》2007年第3—4期。

本书所述名师主要是指在中小学领域，经过自我申报、单位推荐、严格评审和答辩等遴选出来的省级以上优秀教师，"在教育教学中具有鲜明的教育主张、先进的教育理念、娴熟的教学技能，并能够引领教师专业发展的教师"[1]。为更好界定名师领导力，笔者认为名师还具有这样几个假设：

（1）从名师的角色来看，名师既可以承担一定的行政事务，占据科层体制内的某一职位，也可以不承担行政事务，仅仅是学校里的一名教师。不管其职位或职务，名师都可以发挥自身的领导力。

（2）从名师的意愿来看，名师只有具有承担责任的意愿和能力，积极行使领导行为，才能够发挥其领导力。如果名师没有承担责任的意愿和能力，不愿意行使领导行为，其领导力作用是微小的。

（3）从名师发挥领导力的过程来看，名师要发挥领导力，必须具有一定的情境创设、情境理解、情境运用能力。名师发挥领导力，离不开特定的情境。

（4）从名师发挥领导力的结果来看，名师领导力本质上是一种影响力，是基于一定结果的，对他人和组织确实发生了影响。

结合以上论述，笔者认为，名师领导力就是名师不论职位或者职务如何，都积极行使领导行为，在一定的情境中影响他人和组织的能力。

---

[1] 李帅军、王永玉：《基础教育教师专业高质量发展路径的校本探究》，《河南师范大学学报（哲学社会科学版）》2022年第1期。

第二节　为什么要研究名师领导力

基础教育在国民教育体系中处于基础性、先导性地位，是立德树人的奠基工程。中小学教师是基础教育教师的主体力量，提升中小学教师素质，发展中小学名师领导力，对加快构建高质量教育体系、建设教育强国具有至关重要的意义。

一、研究背景

（一）宏观背景：教育强国背景下教育发展的必然诉求

目前，世界正处于百年未有之大变局之中，科技革命日新月异，人工智能飞速发展，知识经济初现端倪，经济全球化不可逆转，国与国之间的竞争和较量日趋激烈，我国面临的外部环境更加严峻。面对复杂的形势，我国如何在世界民族之林中稳稳占据一席之地，从原来的跟跑状态向并跑状态甚至向领跑状态华丽转变，如何在中华民族伟大复兴战略全局中赢得国际竞争的主动权，是摆在党和政府面前的一道时代必答题。

进入新时代以来，为建设高质量教育体系，促进教育高质量发展，实现教育现代化，我国对教育的体制机制、评价制度、课程课堂等进行了大刀阔斧的改革。党的二十大报告明确到2035年建成教育强国，并对教育、科技、人才进行统筹安排、一体部署，单独列章阐述，吹响了加快建设教育强国的号角。一系列影响深远的政策、文件相继出台，教育发展不断面临着新形势。2022年秋季开学，河南省等8个省（区）高一新生进入新高考综合改革，"新课程""新教材""新高考"等"三新"相互交融的新阶段正式到来。在"三新"背景下，教师和学生"走新路""穿新鞋""赶新考"。教育发展的新形势，也对教师提出了新的要求和挑战。

强国必先强教，强教必先强师。我国有着规模巨大的基础教育教师队伍，如何挖掘出这一"宝藏"的真正价值，实现由人力资源向人才资源转变，意义重大。与此同时，教师总量不足、结构性缺编等问题还比较突出，教师职业对社会的吸引力还有待提高。2020年10月23日，人力资源和社会保障部发布"2020年第三季度全国招聘大于求职'最缺工'的100个职业排行"，"中学教育教师""小学教育教师"首次进入紧缺职业排行，引起了社会广泛关注。吴颖民认为，在学校中，优秀教师通过积极参与学校决策，其教师领导力得到认可，会激励优秀的人才选择教师职位。[1] 为提高教师的荣誉感、获得感、责任感、幸福感和成就感，进入新时代以来，国家也密集出台了如《中国教育现代化2035》《新时代中小学教师职业行为十项准则》《新时代基础教育强师计划》等一系列相关政策、文件，从体制机制、师德师风、能力素质、发展目标等不同维度加强教师队伍建设。

教师是教育工作的中坚力量。有高质量的教师，才会有高质量的教育。国家教育政策的落地、落实，并真正转化为教育生产力，教师是最关键的因素。对中小学名师领导力的开发和培育，能够促进教师的专业发展，对建设教育强国，办好人民满意的教育具有重要价值。因此，探究教师领导力的发展，特别是名师领导力的发展问题，既是我们建设教育强国的应有之义，也是建设教育强国的必然诉求。

（二）中观背景：实现教师高质量发展的实然追求

促进教育高质量发展，高质量的教师是中坚力量。2018年，中共中央、国务院《关于全面深化新时代教师队伍建设改革的意见》提出，"到2035年，教师综合素质、专业化水平和创新能力大幅提升，培养造就数以百万计的骨干教师、数以十万计的卓越教师、数以万计的教育家型教师"。2022年4月，教育部等八部门印发《新时代基础教育强师计划》，提出"实施新周期名师名校长领航计划，培养造就一批引领教育改革发展、辐射带动区域教师

---

[1] 吴颖民：《国外对中小学教师领导力问题的研究与启示》，《比较教育研究》2008年第8期。

素质能力提升的教育家"。新时代教师队伍要建强，必须寻找能够促进教师专业发展的路径和方法。朱旭东教授认为，教师专业发展的驱动力有三种：一是自上而下的行政驱动，二是受制于外在需要的市场驱动，三是专业成长的自我驱动。[1]行政驱动使一部分教师在团队的扶持下成为"明星教师"，使大部分教师沦为旁观者，因此，无法发挥教师领导力的作用。市场驱动容易使教师的工作陷入功利性取向，在这种情况下，教师这一职业成为谋利的工具，虽然能够增加教师的收入，但是不能使教师获得职业幸福感，更不会促进教师领导力的发展。教师专业发展的自我驱动有利于教师达成身份认同，教师一旦具有身份认同，就能够激发其发挥自身的示范和引领作用，促进同行专业的发展，当然这对整个教师群体的发展也具有促进作用，因此，在教师发挥领导力作用方面是最有效的。

教师发挥领导力可以实现教师的两个转变：一是从"我"到"我们"的转变。教师积极发挥领导力作用的时候，就是变教师个人资本为社会资本的过程，就是带动和引领其他教师的过程。在这个过程中，同事积极向教师领导者学习，同事之间就会变成一个学习共同体，发挥领导力的教师就从"我"转变到"我们"。二是从"教师"到"领导"的转变。教师发挥领导力作用的时候，就是增强自身影响力的时候，其实就从教师这一角色中解放了出来，而成为对同事发展、学校发展具有积极影响的人。在与同事交流、合作、互动的过程中，其影响力会逐渐增强，依照分布式领导理论，他就从"教师"转变为"领导"。教师不管是实现从"我"到"我们"的转变，还是实现从"教师"到"领导"的转变，都能够对学生的学习产生重要积极影响，都能够提高教师工作的积极性和工作效率，都会对其他教师产生辐射带动作用，进而促进教师的专业化发展。除此之外，教师领导力的彰显能够提高教师工作的积极性。当教师感受到尊重和认可时，其工作的积极性、主动性就会被激发出来，创造性也将如源泉般奔涌而出。

---

[1] 叶菊艳、朱旭东：《论教育协同变革中教师领导力的价值、内涵及其培育》，《教师教育研究》2018年第2期。

（三）微观背景：个人经历和学术旨趣的应然需求

之所以选择"名师领导力"作为研究主题和笔者的经历有关。笔者2004年大学毕业之后，进入河南师范大学附属中学工作。2007年，所作优质课荣获河南省示范课说课一等奖；2012年，所作优质课荣获河南省教育系统优质课一等奖；2013年，所作优质课被教育部评为"学科德育精品课程"；2016年，被河南省教育厅确定为河南省中小学幼儿园骨干教师，被学校任命为学校校长办公室副主任；2018年，攻读河南师范大学教育学部首届教育博士研究生；2019年，被河南省教育厅确定为河南省中小学幼儿园名师；2020年，经过层层选拔，被河南省教育厅确定为中原名师培育对象；2021年，被学校任命为校友会办公室主任；2023年，被河南省教育厅认定为中原名师；2024年，被中共河南省委人才工作领导小组办公室确定为中原教育教学领军人才。截至2023年年底，在科研方面也取得了一些成绩：主持省级课题3项，参与全国教育科学规划课题2项，参与省级课题10项；先后发表1篇CSSCI期刊论文和6篇全国中文核心期刊论文，其中一篇被中国人民大学报刊复印资料全文转载；在《中国教育报》《河南日报》《教育时报》等纸质媒体上也先后发表了多篇报道。在别人的眼中，笔者或许是优秀的，或许也是别人学习的榜样，或许就是名师的模样，但是笔者自己知道，这些成绩取得的背后到底付出了什么。所以有些时候，笔者也在不断地思考，自身取得成绩的经验是什么，如果上升到理论的高度又是什么；在自身成长的过程中，有哪些地方是需要重点着力的，又有哪些因素在影响自身发展和进步；能不能总结出一些可供借鉴的东西给别人以参考，让其他人也能得到一点启发和借鉴而少走"弯路"呢？

2021年4月7日，笔者有幸参加了在北京师范大学举行的"河南省中原名师培育对象高级研修班"。经过个人申请、基层推荐、资格审查、考核遴选、公示等程序后，被确定为河南省2020—2022年中原名师培育对象的167名教师正式在北京聚首。4月12日，英语、政治、体育、音乐、美术5个学科39名中原名师培育对象奔赴西南大学培育基地进行为期3年的研修。笔者作为西南大学培育基地的班长，与其他学员有了更多的时间和机会接触、交流。在与其他中原名师培育对象深度交流中，笔者原有的思考又一次次充盈在脑海中，不同的是，原来仅仅是"我"，现在是"我们"。这样一个群体是如何成长起来的？其成长的经验和教训又有哪些？作为河南省基础教育中的佼佼者，他们对其他教师的影响肯定是巨大的，他们的成长经验也应该是可以复制的。

教育理论和教育实践相结合，是教师专业发展取得实效的关键。"缺乏教育理论指导的教育实践是盲目的，缺乏教育实践支撑的教育理论又是无用的。也就是说，教育实践离不开教育理论的指导，教育理论又来源于教育实践。"[1]2018年，笔者有幸考取了河南师范大学教育学部的教育博士研究生，使得笔者有机会徜徉于教育理论的海洋之中，特别是接触到"教师领导力"的相关文献之后，久久萦绕在脑海中的问题就与它不谋而合了。对，就是"教师领导力"！只有激发教师的领导力，开发教师的潜能，发挥教师的积极性、主动性和创造性，才能更好地促进教师的成长和学生的发展，进而促进学校的变革，才能为实现教育的高质量发展、办好人民满意的高质量教育做出更大的贡献。

教育博士专业学位论文选题应来源于教育、教学和教育管理实践中具有重要现实意义和应用价值的关键问题。明晰中小学名师领导力的内涵，建构中小学名师领导力的结构模型，探寻中小学名师领导力发展的路径，挖掘中小学名师领导力发展的机制，不就是教育管理实践中遇到的具有重要现实意义和应用价值的问题吗？理论和实践的交互融合，给予笔者开展中小学名师领导力发展相关研究的信心和勇气。

二、研究意义

对中小学名师领导力的发展问题进行研究，既具有理论意义，又具有实践意义。

---

[1] 李帅军、王永玉：《基础教育教师专业高质量发展路径的校本探究》，《河南师范大学学报（哲学社会科学版）》2022年第1期。

（一）理论意义：研究中小学名师领导力发展问题，可以进一步丰富教师领导力理论的内涵

近年来，教师领导力成为中小学管理实践和研究的一个关键词，人们关注教师领导力的发展与研究，希望这种延伸的学校领导力能在改善学校管理、提高教师专业水平、改进学生学习和生活方式、促进学校发展上有所作为。[1] 在这样的背景下，教师领导力的研究成为学者们关注较多的研究热点问题。从研究取得的成果看，既有海量值得借鉴的理论成果，也有一些不足甚至值得商榷的地方。如在现有研究中，很多学者聚焦于领导力是什么、教师领导力的发挥具有什么价值、教师领导者应该具有什么素质特征等问题上，并且很多相关研究都是思辨的结果，实证研究、质性研究相对不足。本书聚焦"河南省中原名师培育对象"这一中小学名师群体，通过研究来分析中小学名师领导力发展的现状，明晰中小学名师领导力构成的结构维度，阐述中小学名师领导力发展的影响机制，揭示中小学名师领导力发展的动力系统，穷竟中小学名师领导力发展的实现机制，在一定程度上能够丰富教师领导力理论的内涵。

（二）实践意义：通过探讨中小学名师领导力发展问题，能够为教师专业发展提供可复制的样本

我国非常重视教师的职后教育，这对加强教师师德师风建设、转变教师理念、提高教师能力、增强教师素质起到了不可替代的重要作用。但是细究起来，教师培训活动也存在一些不足之处，如：教师在培训的过程中自主性不够，存在混学分现象；培训方式单一，主要以专家的"满堂灌"为主；培训内容以通识教育为主，缺乏针对性和实效性；培训活动弹性较大，随意性强，有走过场嫌疑；等等。在这样的培训活动中，教师领导力是得不到激发的，教师专业发展也是落不到实处的。本书通过对"河南省中原名师培训对象"这一优秀群体近距离观察、研究，勾勒出中小学名师领导力的内在结构图，可以为教师培训提供着力点，为系统化设计培训内

---

[1] 吴颖民：《国外对中小学教师领导力问题的研究与启示》，《比较教育研究》2008年第8期。

容提供依据；探讨中小学名师领导力的来源，明晰中小学名师领导力发展的影响机制，有助于进一步探究名师领导力的形成机制；分析中小学名师领导力发展的动力机制，有助于减少教师专业发展中的冲突和危机；探究中小学名师领导力的实现机制，则可以了解名师如何更好地发挥其领导力，拓展名师专业发展的空间。也就是说，研究中小学名师领导力发展问题可以为教师培训计划的设计以及培训活动的顺利实施等提供理论基础，增强教师培训的严谨性与专业水准。与此同时，通过总结中小学名师领导力发展经验，可以为教师专业发展提供模型，也可以通过建立名师所应达到的标准，来推动教师的专业发展。研究中小学名师领导力发展问题的过程，是探究其专业发展和成长的过程，这个过程对笔者来说是一个学习的过程，是一个理论与实践相结合的过程，是一个促进学术水平提高的过程，对领导力的提升和专业发展也是大有裨益的。同时，研究成果也能够为基础教育中小学教师领导力的开发与培育提供借鉴。

第三节　如何研究名师领导力

一、研究对象

本书的研究对象是河南省 2020—2022 年中原名师培育对象，共计 150 人。

（一）河南省中原名师培育工程的历史沿革

河南省中原名师培育工程起始于 2013 年。2013 年 5 月 31 日，河南省教育厅发布《关于实施中原名师培育工程的通知》（教师〔2013〕466 号）提出，到 2020 年，以更新教育理念、提高师德水平和业务能力为核心，铺就具有河南特质的名师培养之路，培育 80 名中原名师，造就一批基础教育战线的领雁人才和教育教学专家。

中原名师培育对象每年在全省重点培育 10 名，从省级中小学名师中遴选。2013 年 7 月 8 日，河南省教育厅根据遴选推荐、集中培训、名校见习、教学反思、演讲答辩、专家评审、结果公示等程序，确定了首批 10 名教师为 2013 年度中原名师，正式拉开了河南省教师教育转型升级的序幕，开始了从"教书匠"训练到卓越教师培养的探索。

在总结 2013 年和 2014 年两年的中原名师培育工作经验的基础上，2015 年 4 月 15 日，河南省教育厅发布《关于 2015—2020 年中原名师培育工作的通知》（教师〔2015〕236 号），提出要高起点构筑中原名师培养目标、完善中原名师培育体系、创新中原名师培育模式、发挥名师示范引领作用，计划于 2015—2020 年在全省遴选 103 名中原名师培育对象进入培育行列，并根据每年的综合成绩排名进行分批认定。截至 2019 年年底，共认定中原名师 117 人。

为深入落实《中共河南省委 河南省人民政府关于全面深化新时代教师队伍建设改革的实施意见》要求，全面推动河南省教师队伍建设再上新台阶，2020 年 4 月 19 日河南省教育厅制定《河南省新时代中小学教师梯队攀升体系建设方案》（教师〔2020〕107 号），提出利用五年左右时间分两批培育认定中原名师 300 名。因此，遴选 2020—2022 年中原名师培育对象工作被提上了工作日程。

（二）2020—2022 年中原名师培育对象概况

2020 年 4 月 27 日，河南省教育厅发布《关于遴选 2020—2022 年中原名师培育对象的通知》（教师〔2020〕124 号），计划遴选中原名师培育对象 150 名左右，并对遴选范围、遴选对象、学科分类、遴选条件、遴选程序和遴选要求进行了规定。8 月 28 日，河南省教育厅公布了 2020—2022 年中原名师培育对象（中小学）遴选考核对象名单，共计 449 人。9 月 19 日—20 日，委托第三方对进入遴选考核的人选从笔试和讲课答辩两个方面进行了考核。10 月 27 日，河南省教育厅发布《关于公布 2020—2022 年中原名师培育对象的通知》（教师〔2020〕418 号），正式确定 167 名教师为河南省 2020—2022 年中原名师培育对象。因学前教育与其他学段有质的不同，因此，本研究不包括学前教育学段中原名师培育对象 15 人，后来又有 2 人因工作调动等原因退出培育项目，故研究对象共 150 人。

（三）选取研究对象的原因

确定 150 名河南省 2020—2022 年中原名师培育对象为研究对象的原因主要有以下三个方面：

1. 遴选起点较高

中原名师培育对象从河南省名师中遴选产生，河南省名师从河南省骨干教师中遴选产生，而河南省骨干教师从市级名师或市级骨干教师中产生。也就是说，中原名师处于河南省基础教育教师梯队攀升体系"金字塔"塔尖的位置。中原名师培育对象经过三年的培育，完成相应的培训任务，达到相应的培训要求，经差额考核合格后，才能够被确定为中原名师。由此可见，中原名师培育对象作为一个优秀的群体，本身就具有被研究的潜质。

2. 学科门类齐全

在150名河南省2020—2022年中原名师培育对象中，中小学语文学科41人，中小学思政学科8人，中小学英语学科18人，中小学体育学科5人，中小学音乐学科4人，小学美术学科2人，中学物理学科10人，中学生物学科6人，中学地理学科5人，中学历史学科6人，中小学信息技术学科2人，小学科学学科1人，小学心理健康学科1人，小学综合实践学科1人，中小学数学学科31人，中学化学学科9人。从数据可以看出，本研究对象基本涵盖中小学的所有学段和所有学科，具有较广的覆盖面。

3. 本人的在场性

库蒂（Kuutti）强调，我们必须在真实的工作生活实践中来研究活动，研究者在活动中应该是积极的参加者。学者克雷斯威尔（Creswell）认为研究者有必要阐述与研究主题相关的经历，因为这些经历将大大帮助研究者熟悉研究主题、研究环境和研究资料的提供者。笔者作为河南省2020—2022年中原名师培育对象中的一员，相似的成长经历、熟悉的人际关系、频繁的交流互动都有助于熟悉研究主题、研究环境和研究资料的提供者，这种在场性也为开展研究提供了方便。与此同时，从专业发展的角度来看，中原名师培育对象也具备了一定的领导能力。但是，要注意的是，领导能力和领导力并不能简单地画等号，两者具有一定的差异：一是关注的重点不同。领导能力发展关注的是教师领导者自身的发展，教师领导力发展主要关注人际关系的建立和组织目标的实现。二是产出的结果不同。领导能力发展产出的结果是人力资本，而教师领导力发展创造的是社会资本。[1] 从这个角度来讲，为使中原名师培育对象这个群体发挥更大的作用和价值，除了发展其领导能力，还需要发展其领导力。

---

[1] K. E. Allen, S. P. Stelzner, R. M. Wielkiewicz, "The Ecology of Leadership: Adapting to the Challenges of a Changing World," *Journal of Leadership Studies* 2（1998）: 62-82.

二、研究问题

研究者要确定一个研究主题，要站在前人的肩膀上，要看到对该问题已有的研究情况、存在的困惑和不足，在此基础上再确定研究的问题和研究的目标。

（一）研究问题

英国学者布·马林诺斯基（B. Malinowski）在《教育研究的方法和测量：一个国际化的手册》一书中建议，一个研究者不应茫然地开展研究，他首先应有预设性问题（foreshadowed problem），而预设性问题来自研究者的理论研究。通过对已有相关研究文献的梳理，笔者确定的预设问题有以下三个：（1）从研究的理论基础看，以往的研究主要依据分布式领导理论，本书在观照分布式领导理论的同时，还重点依据活动理论构建研究的分析框架，从现有的文献来看，还不多见。（2）以往的相关研究主要侧重于教师领导力的理论介绍、思辨分析，相对缺乏实证性的研究，特别是围绕一个群体进行实证研究的更少。（3）名师作为优秀教师的代表，目前的研究还没有聚焦在领导力发展机制的探讨上，这也为笔者提供了一个研究的方向。基于此，笔者所要关注的中小学名师领导力发展研究，是在教育教学和管理实践中客观存在的"真问题"，对于教师领导力理论的发展具有重要的理论价值和实践价值。基于以上预设性问题，研究问题主要有以下四个：

（1）中小学名师领导力的内涵、现状和构成维度是什么？

（2）中小学名师领导力发展的影响机制是什么？

（3）中小学名师领导力发展的动力机制是什么？

（4）中小学名师领导力发展的实现机制是什么？

对于问题（1），主要通过对河南省中原名师培育对象这一群体进行问卷调查加以解决；在问卷调查的基础上，选定部分河南省中原名师培育对象作为样本进行深度访谈，解决问题（2）；在前两个问题解决的基础上，通过文献分析和研究分析，解决问题（3）和问题（4）。

（二）研究目标

法国学者埃尔斯特（Elster）认为，社会科学研究有两种旨趣，即因果研究和机制研究。因果研究在于发现问题可能的影响因素，并建立因变量与自变量之间的关系；而机制研究则在于探索从因素到结果之间的发展过程，描绘事物发展的路径。本研究以活动理论为理论基础，通过文献研究、半结构式访谈、问卷调查等方法，对河南省中原名师培育对象这一群体进行研究，来揭示中小学名师领导力发展的机制问题。通过研究，希望能够达到以下目标：

（1）摸清中小学名师领导力的发展现状。这是"是什么"的问题，这一问题直接影响研究的方向。

（2）建构中小学名师领导力的结构模型。建构模型是为了对名师领导力的构成要素进行凝练，为指导实践提供框架和工具。

（3）厘清中小学名师领导力发展的影响机制。这是"为什么"的前提性问题，探究影响机制，才能有的放矢地提出针对性措施。

（4）探究中小学名师领导力发展的动力机制。只有明确名师领导力发展的动力机制，才能探析名师领导力发展的深层次问题。

（5）穷竟中小学名师领导力发展的实现机制。这是"怎么办"的问题，是为了更好地促进名师领导力发展而提出的发展建议。

（三）研究重点和难点

1. 研究重点

本研究的重点有两个：建构中小学名师领导力的构成要素模型和穷竟中小学名师领导力发展的实现机制。建构模型既可以为广大教师的专业发展提供一个目标遵循，又可以发挥框架的"指南针"作用，为促进教师专业发展提供方向和遵循。穷竟中小学名师领导力发展的实现机制具有非常强的现实意义，能够为促进包括名师在内的广大教师领导力的提升提供有益借鉴，更好服务新时代对教师提出的新要求和新期待。

2. 研究难点

本研究的难点有两个：一是建构中小学名师领导力的构成要素模型。不同的学者在不同的文化背景下，依据不同的理论视角、价值偏好、知识储备、出发点和落脚点等，对名师领导力内涵的理解都会有不同的侧重，如何在众多的结构和模型中找到适合中小学名师特点的模型，是研究的一个难点。二是探究中小学名师领导力发展的动力机制。这需要穿过教师专业发展的层层迷雾，透过现象看本质，揭示中小学名师领导力发展中存在的系统矛盾，这对研究者的理论水平要求较高，具有较大的挑战性。

（四）研究的拟创新点

1. 研究方法的创新

笔者既对研究对象进行整体问卷调查，又对部分样本进行半结构式访谈。通过定量研究和质性研究相结合的研究方法，既把握名师领导力发展中的普遍性，又把握名师领导力发展中的特殊性，实现普遍性和特殊性的有机统一，为全面研究中小学名师领导力发展机制打下坚实的基础。

2. 研究视角的创新

笔者将中小学名师领导力的发展机制作为主要研究内容，并把它建构在活动理论的视角下，运用活动要素、影响机制、活动系统、动力机制、实现机制等来解构名师领导力的发展机制问题，具有一定的创新性。

3. 研究成果的创新

研究成果是为客观实践服务的。笔者通过建立中小学名师领导力结构模型，分析中小学名师领导力发展的影响机制、动力机制和实现机制，为培育和提升中小学名师领导力发展进行系统分析，并为促进教师专业发展提供指导和服务。

三、研究方法

（一）方法论

研究问题的性质和特点决定研究方法的选取，研究方法是为研究问题服务的。适切的研究方法，能直接提升研究的质量和水平。因此，研究问题确定之后，就需要思考研究的路径及研究方法问题，也就是关于方法论的思考。"教育研究方法论从总体上探讨教育研究中对象与方法的关系及适宜性问题"[1]。笔者的研究对象是河南省 2020—2022 年中原名师培育对象群体，依据研究的理论基础——活动理论，从主体方面来看，需要探究名师领导力的内涵、结构、影响因素，既牵涉到"是什么"问题，也牵涉到"为什么"问题，具有复杂性，需要用多元的方法来进行研究。从客体方面来看，主要是探究名师领导力的生成路径，属于"怎么办"的策略性问题，具有一定的主观性，这也决定了要用多种方法来探寻其本质。从中介、共同体、规则、分工等要素来看，具有情境性、复杂性。因此，在研究方法上要做到以下两个结合。

1. "客观性"和"敏感性"相结合

研究资料要具有客观性是研究的前提条件，如果研究资料不客观，得到的研究结论就有可能是片面的，甚至是错误的。研究资料要客观、真实是所有研究者的不懈追求。但是，研究者在研究过程中，其知识结构、个人经验、偏见和视角也会自然不自然地影响研究，研究资料的客观性就会大打折扣。有人就提出，在质性研究中追求百分之百的客观只是一个"神话"。

"敏感性"与"客观性"是相对应的，"敏感性"可以说是一种特点和品质。[2] "要做到'敏感'，研究者需要一些'背景'来达成，如沉浸于资料，或者是个人的直觉经验和感受。"[3] 研究者对研究持有敏感性，可以让研究者更容易把握事物间的有机联系，找到事物的本质。

"客观性"和"敏感性"之间是存在矛盾的，"敏感性"既有助于探寻研究资料的"客观性"，又由于个人的直觉感受，有时候反而会影响到资料的"客观性"。所以，用多种方法对资料进行收集，让资料"互证"，是应该的，也是必须的。

---

[1] 叶澜：《教育研究方法论初探》，上海教育出版社，1999，第 19 页。
[2] 朱丽叶·M. 科宾（Juliet M. Corbin）、安塞尔姆·L. 施特劳斯（Anselm L. Strauss）：《质性研究的基础：形成扎根理论的程序与方法》，朱光明译，重庆大学出版社，2015，第 22—38 页。
[3] 车琪：《基层教研员教学领导力的发展研究——以 W 市 H 区为例》，博士学位论文，华东师范大学，2017，第 64 页。

2. 定性研究与定量研究相结合

定性研究（qualitative research）和定量研究（quantitative research）相结合而产生的新的研究范式，被称为混合方法研究。混合方法研究是指在同一研究中，研究者综合调配或混合定量和质性研究的技术、方法、手段、概念或语言的研究类别。[1]本书主要关注名师领导力的内涵、发展现状、结构维度、影响因素、发展路径等问题，涵盖"是什么""为什么""怎么办"等基本问题。在研究中，一方面，需要通过对河南省2020—2022年中原名师培育对象群体进行问卷调查，并进行描述性统计分析，以获取对名师领导力现状的整体感知；另一方面，也要做好半结构式访谈，以利用好个案研究长于解释"为什么""怎么办"的优势。把定量研究和定性研究有机结合起来，既能反映研究者收集数据的广度，同时也能反映研究者收集数据的深度。

（二）具体研究方法

根据研究的问题以及方法论探析，本书主要采取以下三种方法进行研究。

1. 文献研究法

文献研究法是基于特定的研究问题，系统收集国内外已有的相关研究文献，通过对相关文献的分析、归纳，对特定研究问题的认识更加深化，并形成一种分析框架的研究方法。通过文献研究，梳理了本研究涉及的理论基础，即活动理论在教育研究领域的已有研究成果，从而为中小学名师领导力发展研究提供了理论支撑；了解了国内外关于教师领导力的内涵、发展现状、结构维度、影响因素、发展机制、发展路径等相关问题的研究现状，为本研究的研究问题、研究方法提供了知识准备；收集了各类政策文本，既包括国家层面出台的有关教师专业发展的相关政策和河南省教育厅出台的有关中原名师培养培育的相关政策，也包括150名中原名师培育对象在中原名师管理平台上提交的发展计划、工作总结、科研成果、学术

---

[1] 亓勇、魏久利：《教育研究的第三范式——混合方法研究》，《现代教育技术》2009年第9期。

报告等文本,这为研究提供了充足的资料来源。

2. 问卷法

问卷法是指对较大人群样本采取提问的方式获得数据资料,从而对所关心的问题的现状进行统计性的描述、评价、揭示和预测的一种研究方法。为搞清楚中小学名师领导力的现状,本研究拟采用美国教师领导力探索联盟于2011年发布的《教师领导者模型标准》对河南省2020—2022年中原名师培育对象群体进行测试,以明晰其领导力发展现状。

《教师领导者模型标准》是基于循证支持制定的,目前已被美国加利福尼亚等十几个州采用,并深受好评,在世界范围内具有较大的影响力。该标准由七个领域组成,分别是培育合作文化,开展研究以促进教学和学生发展,促进专业学习的不断提高,促进教师教学和学生学习的进步,推广、评估在学校及地区的应用,改善与家庭、社区的联系和合作,支持学生的学习和职业发展。[1]

为便于统计分析,在《教师领导者模型标准》的基础上,设置的问卷还加上了个人信息部分,包括性别、年龄、教龄、职称、职务、学历、地域、任教学科、学段等背景信息。数据收集后,通过SPSS26.0进行描述性统计分析。

3. 访谈法

访谈法是研究者通过与研究对象进行口头交谈的形式获得教育资料的研究方法。访谈法的优点在于:运用开放性问题使受访者更易充分表达观点;获取的资料更核心,且完整性较好;能随时判断受访者回答的真实性;等等。本研究采用半结构式访谈,这样既能保证访谈的开放性,也能帮助研究者聚焦研究问题。罗伯特·K.殷(Robert K.Yin)建议,研究者在选择个案的时候要坚持关键性、独特性和启示性的原则。迈克尔·巴顿(Michael Patton)把研究者选择个案的步骤描述为目的抽样,旨在选取能够提供和研究目的相关的丰富信息的个体。访谈对象的选择,要秉持多样化的原则,充分考虑不同的学段、性别、年龄、学历、地域等信息,力争使访谈信息

---

[1] 孙杰、程晋宽:《中小学教师领导力提升的美国经验及其启示》,《江苏教育》2020年第50期。

呈现饱和化态势。在访谈的方式上，以面对面访谈为主，以电话访谈为辅。在访谈时间安排上，一般控制在 60 分钟左右。

四、研究伦理

在访谈过程中，研究者要触及被研究者的个人隐私，如成长经历、发展的影响因素等，这不可避免地会对被研究者带来一些影响，研究的伦理问题必须被高度重视。在伦理方面主要遵循以下几个原则。

1. 保密原则

"由于质的研究者与被研究者必须发生个人接触，而且在大多数情况下彼此的关系有可能变得十分亲密，因此保密原则在这类研究中尤其重要。"[1]在研究开始之前，应主动告诉被研究者，关于他们的姓名、身份等一切敏感词语都会用代码进行匿名处理，绝不会暴露他们的姓名和身份，让他们打消疑虑。在访谈过程中，一些敏感问题（如影响领导力发展因素）可能会牵涉到访谈对象的领导、同事，甚至是业务主管部门，被研究者会担心如果信息泄露会对其产生不利影响，在这种情况下，应重申保密原则，承诺不会将相关信息透露给其他人。

2. 自愿与公开原则

自愿原则指的是研究应该征求被研究者的同意，公开原则指的是被研究者应该有权知道自己在被研究。[2]对一些研究资料的获取，通过隐瞒自己的身份或精心设计研究情境可能会获得更有价值的资料，但本研究秉承自愿与公开原则。不管是在问卷设计还是在半结构式访谈中，笔者都对本研究的目的、性质进行了阐述，充分尊重被研究者的知情权和选择权，并对他们的信息进行保密，对因故不能参与访谈的被研究者也表示理解。

3. 公正合理原则

"公正合理原则指的是研究者按照一定的道德原则公正地对待被研究者以及所收集的资料，合理地处理自己与被研究者的关系以及自己的研究

---

[1] 陈向明：《教师如何作质的研究》，教育科学出版社，2001，第 264—265 页。
[2] 陈向明：《教师如何作质的研究》，教育科学出版社，2001，第 260 页。

结果。"[1] 在研究中，不可避免地会遇到研究评价问题，如何评价才是合理的？这种评价是否会对被研究者带来负面的影响和压力？研究评价是否中肯、客观？如果被研究者对同一个问题的回答有明显的分歧，应该站在哪一边？由于笔者与被研究者是同一个群体，有着较为亲密的关系，也有着相当程度的"在场性"，如果研究的结果与自己的设想有较大的反差，又该如何处理？为公正合理地进行研究，笔者设定的一个基本原则是：被研究者第一，研究第二，研究者第三。

五、理论基础

没有理论，经验性社会研究工具的使用就是经验主义。而缺少经验性的检验，关于社会的理论就是一种不负责任的或轻率的意识形态。[2] 任何问题的研究，都不应该是天马行空、信口开河，而应该是建立在相关理论框架的基础之上。本研究的理论基础是活动理论。

活动理论（activity theory）又称为"文化－历史"活动理论，发源于德国古典哲学，形成于马克思辩证唯物主义，由心理学家维果茨基（Lev Vygotsky）正式提出，后来又经过列昂捷夫（Leontyev）、鲁利亚（Luria）、恩格斯托姆（Engestrom）等人的继承与发展，逐渐成为一个开拓性的研究领域。

"活动"是"活动理论"的逻辑起点。1922年，鲁宾斯坦（Rubinstein）将哲学范畴中的"活动"概念引入心理学，提出了"将人类活动作为心理分析的基本单元"的思想。[3] "活动"，是指主体与客观世界相互作用的过程，是人有目的地影响客体以满足自身需要的过程[4]，是主体为了一个特定的目标而进行的努力。"活动"具有以下几个特征：（1）主体性。

---

[1] 陈向明：《教师如何作质的研究》，教育科学出版社，2001，第266页。
[2] 彼得·阿特斯兰德：《经验性社会研究方法》，李路路、林克雷译，中央文献出版社，1995，第300页。
[3] 吕巾娇、刘美凤、史力范：《活动理论的发展脉络与应用探析》，《现代教育技术》2007年第1期。
[4] 杨莉娟：《活动理论与建构主义学习观》，《教育科学研究》2000年第4期。

活动是主体的活动，离开主体的活动是不存在的。（2）交互性。活动是主体与主体之间、主体与客体之间的交互作用。（3）创造性。主体对客体的表征与具体化总是创造性的。（4）情境性。活动受主体、客体的影响，特别是外部客观世界的影响，具有情境性。

（一）活动理论的发展阶段

1. 第一代活动理论

维果茨基是第一代活动理论的代表人物，他认为主体为了达到客体内容必须依赖工具的中介作用。20世纪20年代，心理学的主流思想是行为主义，是S-R模式（刺激—反应模式）。维果茨基提出"中介"的概念，认为通过中介（如语言、人工制品、各种符号等），把人类与客观环境联系起来，人类活动有一个三重的结构（如图1-3-1所示）。活动理论中的"活动"，不是S-R模式（刺激—反应模式）的行为，而是S-X-R模式（刺激—媒介—反应模式）的活动，中介则是工具和符号。[1]维果茨基看到了人的行为和动物行为的本质区别，人的行为不像动物行为那样是对外部刺激的直接反应，而是通过中介对外部的刺激作出反应，这克服了身心分离二元对立的传统心理学研究范式。

图1-3-1 维果茨基中介模型

2. 第二代活动理论

第二代活动理论的主要代表人物是列昂捷夫，他对活动理论的系统阐述主要集中在《活动 意识 个性》一书中。他在"内部矛盾是活动系统的改进与发展的驱动力"指导下，扩展了活动理论的框架。他对活动理论

---

[1] 钟启泉：《教学活动理论的考察》，《教育研究》2005年第5期。

的贡献主要有：一是引进了规则、共同体和分工三个社会要素，完善了活动系统的构成要素（如图 1-3-2 所示）。在活动系统中，主体通过中介促进客体的转化，客体的生产受整个活动的目的或意图引导，主体和活动中的其他成员通过建立在一定规则上的分工合作形成了共同体。[1] 二是把活动、行动和操作作为活动的三个水平模式加以区分。三是重视活动系统中的矛盾，并对活动系统中的矛盾进行了划分。

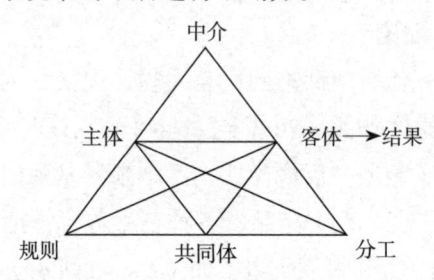

图 1-3-2　活动系统结构图

3. 第三代活动理论

第三代活动理论开始于 20 世纪 70 年代后期，贡献最大的是芬兰学者恩格斯托姆。他提出活动是一个系统，由六个要素和四个子系统构成。第三代活动理论认为第二代活动理论对文化多样性具有无知觉性，第三代活动理论必须处理好文化多样性及不同传统和观点之间的对话，从而把活动系统纳入整个社会情境中（如图 1-3-3 所示），实现了从个体向团队活动的拓展。恩格斯托姆把活动理论从一个研究不同形式人类活动的哲学和跨学科理论框架发展为一种方法论。

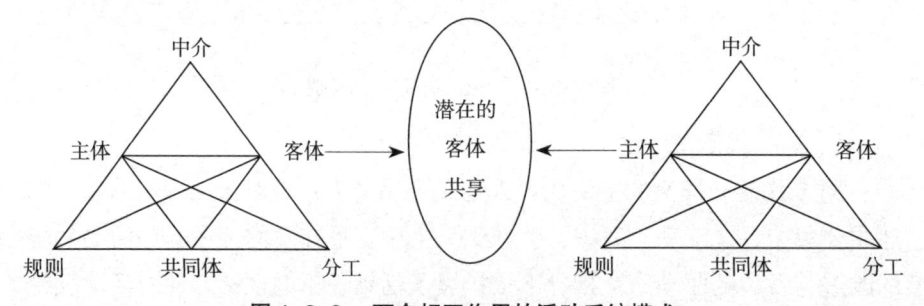

图 1-3-3　两个相互作用的活动系统模式

---

[1] 窦荣军：《干部院校教师专业发展的情境与机制研究——基于文化-历史活动理论》，博士学位论文，华东师范大学，2020，第 55—56 页。

（二）活动系统的构成要素

活动理论的一般模型告诉我们，要始终从整体上把握系统，而不仅仅看作是单独的联结。活动系统由六个基本要素构成：

（1）主体。它是活动中的个体或集体，在活动系统中起主导作用。

（2）客体。客体是活动指向的对象，既包括物质的，也包括观念上的，最终将根据活动的意图把客体转化为结果。

（3）中介。它是主体作用于客体的手段，既包括物质工具，也包括心理工具。

（4）共同体。它是活动系统中具有共同目标的集体。不同的共同体协商出不同的规则。

（5）规则。它是规范行动以及在活动系统中呈现出来的或显性或隐性的习惯和标准。

（6）分工。是共同体内横向的任务分配及活动系统内纵向的权力和地位分配。

其中，主体、客体、共同体是核心要素，中介、规则、分工是调节要素。

之所以选择活动理论作为本研究的理论基础，主要有以下两个原因：

一是活动理论的适切性。活动理论是一个研究不同形式人类活动的哲学和跨学科理论框架[1]，主要研究作为发展过程的不同形式的人类实践活动[2]，它将活动系统视为基本单位，从整体和系统上分析人类的实践活动过程[3]。活动理论从社会文化的角度看待人与环境的关系，通过主体、客体、共同体、中介、规则、分工等的多层级互动，最终指向客体和结果。波塔利（Potari）通过探究教师如何通过合作学习将理论与实践联系起来，指出活动理论为教师专业发展提供了一个将个体与其所在社会群体联系起来的

---

[1] 项国雄、赖晓云：《活动理论及其对学习环境设计的影响》，《电化教育研究》2005年第6期。

[2] 戴维·H.乔纳森：《学习环境的理论基础》，郑太年、任友群译，华东师范大学出版社，2004，第93页。

[3] 张军、董秋瑾：《活动理论视域下研训行一体化教师学习模式建构研究》，《教师教育研究》2021年第3期。

工具。[1]活动理论把活动要素置于系统之中，强调整体上把握。名师领导力的结构、发生、发展具有复杂性。本书更多地侧重于中小学名师领导力的发展，属于行为层面的问题。活动理论在分析活动结构和过程时，可以聚焦不同层级的活动过程，为名师领导力发展的相关研究提供合适的框架。中小学名师领导力发展问题是一项系统工程，需要整体上进行把握。此外，活动理论是一种发展的理论，旨在解释和影响人类实践随时间而发生的变化与发展。中小学名师领导力的发展是动态的，随着时间的变化而变化。任何一项研究的特殊性都取决于研究对象的性质。河南省中原名师培育对象这一名师群体在教学实践中得到成长，在名师成长的过程中，他们积淀出的经验需要运用理论作指导，把这些经验和知识进行解构。在名师实践的过程中，其领导力的生发、培育又离不开实践性和活动性。名师领导力的发展离不开实践，只有在实践中才能真正考察名师领导力的发展过程。从活动理论的视角观照名师领导力的发展，可以发现名师领导力的发展与活动理论有较好的映射关系。因此，对名师领导力的研究需要用活动理论作指导，活动理论对名师领导力的发展研究具有一定的适切性。

二是已有研究的借鉴。目前，活动理论在实践中被广泛应用在学习活动、商业活动、医疗活动等各种社会活动中。以活动理论作为分析框架对教师专业发展、教师领导力发展等领域进行研究的成果越来越多。华东师范大学窦荣军博士的博士论文《干部院校教师专业发展的情境与机制研究——基于文化 - 历史活动理论》[2]，就是以活动理论构建分析框架，对三种典型专业情境下的干部院校教师专业发展机制进行了探析；北京师范大学范学荣博士的博士论文《地方高校外语教师学术领导力建构的实证研究》[3]，从活动理论的视角，探讨了地方高校外语教师学术领导力的构成

---

[1] D. POTARI, "The relationship of theory and practice in mathematics teacher professional development: an activity theory perspective," *ZDM Mathematics Education* 45（2013）: 507-519.

[2] 窦荣军：《干部院校教师专业发展的情境与机制研究——基于文化 - 历史活动理论》，博士学位论文，华东师范大学，2020，内容摘要第Ⅰ页。

[3] 范学荣：《地方高校外语教师学术领导力建构的实证研究》，博士学位论文，北京师范大学，2020，第 4 页。

要素和影响地方高校外语教师学术领导力的因素；张姗姗、龙在波基于活动理论视角，考察了英语经验教师专业发展的能动性问题[1]……这些研究成果为本研究提供了理论视野和实践借鉴。

六、研究思路

（一）分析框架

本研究主要基于活动理论构建中小学名师领导力发展机制的分析框架。在这个分析框架中，中小学名师领导力发展的主体是名师，客体是名师领导力，其结果指向名师领导力的发展。依据活动理论的构成要素、影响因素、活动系统、矛盾系统等建构中小学名师领导力发展的机制（如图1-3-4所示）。

中介
专业阅读与研究、参与培训项目、名师工作室建设、求学深造

主体
自我发展意愿、自我发展基础

生产子系统

客体
指向的明确性、呈现的清晰性

消费子系统

交换子系统　　分配子系统

规则
学校文化、人际关系、人事分配制度、职称评聘制度、考核制度

共同体
教学共同体、教研共同体、育人共同体

分工
经验传递者、教研规划者、育人协同者

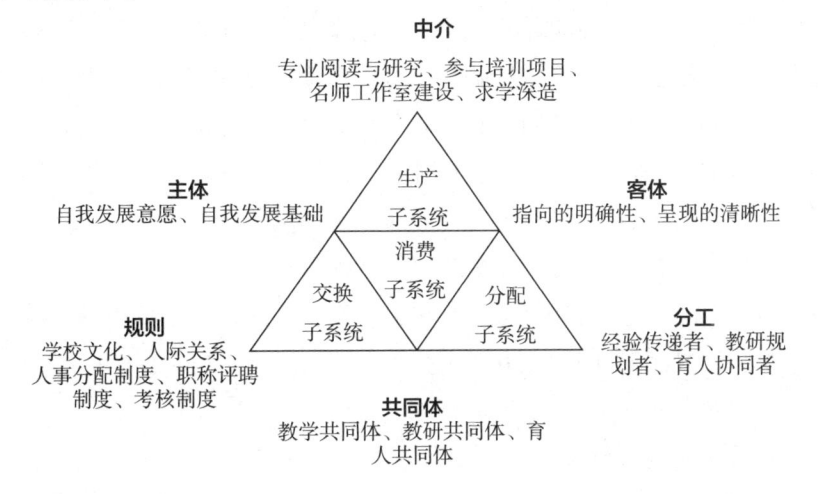

图 1-3-4　本研究分析框架

中小学名师领导力的发展受主体、中介、规则、共同体、分工等多种因素的影响，笔者试图探寻各个影响因素的具体构成要素，构建中小学名师领导力发展的影响机制。通过大量访谈进行实证研究，发现自我发展意

---

[1] 张姗姗、龙在波：《活动理论视角下高校英语经验教师专业发展能动性研究》，《外语教学》2021年第6期。

愿、自我发展基础、客体指向的明确性、客体呈现的清晰性、专业阅读与研究、培训项目、名师工作室建设、求学深造、教学共同体、教研共同体、育人共同体、经验传递者、教研规划者、育人协同者、学校文化、人际关系、人事分配制度、职称评聘制度和考核制度等因素相互组合、多元结合，共同构成中小学名师领导力发展的影响机制。

活动系统六要素相互联结、相互作用、彼此制约的关系体现在四个子系统中。在中小学名师领导力发展的过程中，分析生产子系统，要观察名师为了促进领导力提升，是如何与中介相互作用的；分析交换子系统，要观察主体和共同体是如何利用规则的，以及规则是如何制定的；分析分配子系统，要观察分工是如何达成的，分工的融洽度如何；分析消费子系统，要观察主体和共同体是如何作用于客体的，共同体成员消费了哪些资源，他们的消费对生产有什么影响等。

矛盾是事物发展的基础和动力。中小学名师在领导力发展的过程中，受到内在和外在多种因素的影响，一方面名师需要发挥示范、引领作用，把个人资本转化为社会资本，存在外化行为；另一方面名师要发展，需要依赖外在的各种资源和条件，要把外在的因素转化为内在的因素，存在内化行为，这些都会产生各种各样的矛盾。在活动系统中，这些矛盾不仅存在于要素自身之内，还存在于要素之间，甚至还存在于活动与活动之间。因此，探究中小学名师领导力发展机制，也需研究活动系统中的矛盾，探寻名师领导力发展中的动力机制。

（二）研究思路

本研究基于活动理论视角，以中小学名师领导力发展机制为主题，按照"文献综述—分析框架构建—发展机制内容分析"的理路进行研究。

主要研究的问题有：明晰中小学名师领导力发展的价值、摸清中小学名师领导力的发展现状、构建中小学名师领导力的结构模型、厘清中小学名师领导力发展的影响机制、探究中小学名师领导力发展的动力机制、穷竟中小学名师领导力发展的实现机制。

（1）通过对名师领导力相关文献的梳理，确定研究问题和预期研究目标，设计研究工具，选择研究方法，确定中小学名师领导力发展机制研究的框架。

（2）借鉴《教师领导者模型标准》设计调查问卷，对河南省 2020—2022 年 150 名中原名师培育对象进行问卷调查，摸清这一群体领导力现状，为分析中小学名师领导力的内涵、结构维度、影响机制、动力机制、实现机制等打下基础。

（3）选取部分中小学名师作为典型样本进行半结构式访谈，进一步挖掘名师领导力的结构，建构中小学名师领导力的结构模型。

（4）在问卷和访谈的基础上，探究影响中小学名师领导力发展的各种因素，归纳中小学名师领导力发展中的影响机制。

（5）在活动理论的视角下，分析中小学名师领导力发展的系统和矛盾，探究中小学名师领导力发展中的动力机制。

（6）提出中小学名师领导力发展的相关建议，在活动理论的指导下，归纳中小学名师领导力发展中的实现机制。

第二章 中小学名师领导力发展的现状调查

第二章　中小学名师领导力发展的现状调查

本章主要通过中小学"名师之眼"来考察中小学名师领导力的发展现状。首先，通过对河南省中原名师培育对象进行问卷调查，对调查数据进行统计分析。其次，在调查统计的基础上，深入探讨河南省中原名师培育对象这一中小学名师领导力的发展现状。

第一节　调查问卷的设计与检验

了解中小学名师领导力发展的现状，是开展研究的重要基础。只有明晰现状，才能知道中小学名师领导力"从哪儿来"以及"要到哪里去"的问题。首先对河南省中原名师培育对象进行问卷调查，直观展现中小学名师领导力现状水平，观察中小学名师领导力"有没有""有多少"的问题，以期对中小学名师领导力现状有一个全面的把握。

一、调查问卷设计

（一）调查对象

本研究依托河南省中原名师培育工程项目，对150名河南省中原名师培育对象（2020—2022年）进行问卷调查。

（二）问卷设计

一般说来，调查问卷有三种模式：一是使用别人开发的，并经实践检验可行的现成问卷；二是通过文献研究，选出关键测量选项，自行编制问卷；三是通过访谈，归纳出关键测量选项，然后自行编制问卷。本研究的调查问卷属于第一种情况，即参考美国教师领导力探索联盟制定的《教师领导者模型标准》。该标准是基于循证支持制定的，目前已被美国加利福尼亚等十几个州采用，并深受好评，在世界范围内具有较大的影响力。我国学者孙杰和程晋宽[1]、谌启标[2]等对该标准进行过详细的介绍和分析。该标准由培育合作文化、开展研究、促进专业学习、改善教学活动、运用评估和数据、改善与家庭和社区的合作关系、倡导专业发展七个领域组成，并对每个领域的具体要求进行了阐释和说明（见表2-1-1）。

表 2-1-1　美国《教师领导者模型标准》[3]

模块	内容	具体要求	教师领导者功能
维度1	培育合作文化，以支持教育工作者的发展和学生的学习	（1）教师领导者知道如何在学校发展一种具有集体责任的合作文化；（2）教师领导者利用这些知识来促进构建一个合作、信任和尊重的环境，注重教学和学习的持续改进	（1）利用团队形式与同事共同努力，解决问题，做出决策，管理冲突，促进有意义的变革；（2）掌握有效的倾听、表达想法、引导讨论、澄清、协调和识别自我与他人需求的技能，以促进共同目标的实现和专业学习的提升；（3）增进同事之间的信任，发展集体智慧，开展支持学生的活动；（4）努力创造具有包容性的文化，在应对挑战时包容不同的观点；（5）加强与不同背景、文化和语言的交流，促进同事之间的有效互动

---

[1] 孙杰、程晋宽：《共享、协作与重构：国外教师领导力研究新动向》，《外国教育研究》2020年第1期。
[2] 谌启标：《美国中小学教师领导标准及其启示》，《外国中小学教育》2013年第7期。
[3] 转引自孙杰、程晋宽：《共享、协作与重构：国外教师领导力研究新动向》，《外国教育研究》2020年第1期。

续表

模块	内容	具体要求	教师领导者功能
维度2	开展研究，以促进教学和学习的协同发展	（1）教师领导者要了解如何创造新知识，为政策和实践提供信息，并改进教学和学习；（2）教师领导者要将专业学习作为持续发展和改进教学的重要部分	（1）帮助同事加强研究，以选择适当的策略来提高学生的学习成绩；（2）共同促进学生学习数据的分析和结果的应用，提高教学质量；（3）支持同事与相关的高等教育机构或其他组织合作，从事关键教育问题的研究；（4）帮助和支持同事收集、分析课堂数据，提高教学质量
维度3	促进专业学习的不断提高	（1）教师领导者知道教与学、成熟与新兴技术和学校与社区的演变规律；（2）教师领导者要将这些知识与工作相结合，设计和促进专业学习	（1）根据学校目标，与同事和学校管理人员合作，规划团队的专业学习，这样的规划是基于团队的，工作是嵌入式的、持续一段时间的、与课程标准一致的；（2）利用有关教师学习的信息，识别和促进不同的、有区别的专业学习，以应对同事的多样化学习需求；（3）为促进同事之间的专业学习创造便利条件；（4）识别并使用适当的技术促进协作和差异化的专业学习；（5）与同事合作，收集、分析和传播与教师专业学习、教学和学生学习有关的数据；（6）倡导做好充分的准备，支持同事以团队的形式工作，进行工作嵌入式的专业学习；（7）向同事提供建设性意见，以加强教学实践，提高学生的学习成绩；（8）在规划和促进专业学习方面使用有关新兴教育、经济和社会发展趋势的信息

续表

模块	内容	具体要求	教师领导者功能
维度4	促进教师教学和学生学习的进步	(1)教师领导者表现出对教学过程有深刻理解,并通过专业学习和基于学生学习的结果进行反思总结,利用这些知识提升同事的专业技能;(2)教师领导者与同事合作,确保教学实践符合学校的愿景、使命和目标	(1)收集、分析和使用基于课堂和学校的数据,以确定改进课程、教学、评价、学校组织和学校文化的机会;(2)在观察教学、学生学习和评估数据的基础上,结合实践,与同事进行反思对话;(3)通过担任导师、教练和促进者等角色,支持同事个人和集体反思,从而促进专业成长;(4)作为团队的领导,根据同事的技能、经验和知识去表达对课程及学生的学习期望;(5)利用新技术指导同事,帮助学生熟练运用互联网,利用社交媒体促进协作学习,并与世界各地建立联系;(6)改进教学策略,以解决教室中各式各样的问题,并保持公平性,同时确保学生的学习需求仍然是教学的中心
维度5	推广、评估在学校及地区的应用	(1)教师领导者了解当前基于课堂和学校的情况,设计和选择适当的形成性和总结性评估方法;(2)教师领导者分享了解的一些知识,并与同事合作,利用评估和其他资料做出明智的决定,提高所有学生的学习成绩,并告知学校和地区改进策略	(1)提高同事识别和使用符合国家和地方标准的多种评估工具的能力;(2)与同事合作设计、实施学生评估方法,并学会解读,提高教师的教育实践和学生的学习水平;(3)营造一种肯定和批判性反思的氛围,让同事参与到关于学生学习的富有挑战性的对话中,从而找出问题的解决方案;(4)与同事合作,利用评估和数据促进教学实践或组织结构的变化,以提高学生的学习成绩

续表

模块	内容	具体要求	教师领导者功能
维度6	改善与家庭、社区的合作关系	（1）教师领导者理解家庭和社区环境对教育过程和学生学习有重大影响；（2）教师领导者与同事共同努力，促进与家庭、社区成员以及其他利益相关者之间持续的系统合作，以改善教育系统，增加学生学习的机会	（1）利用对学校和社区不同背景、文化和语言的认识和理解，促进同事与家庭、社区之间的有效互动；（2）示范、讲授有效的与家庭和其他利益相关者的交流合作技能；（3）协助同事检讨对社区文化和多样性认识方面的不足，以及如何制定文化适应策略，丰富学生的教育经验，使所有学生都能实现高水平的学习；（4）家庭和社区对教育的需要不同，在这方面与同事达成共识；（5）与同事合作，制定综合策略，以满足家庭和社区的不同教育需求
维度7	支持学生的学习和职业发展	（1）教师领导者应了解如何在地方和国家一级制定教育政策以及学校领导、教育委员会、立法者和其他利益相关者在制定这些政策方面的角色；（2）教师领导者应在实践中支持有效的教学以提高学生的学习成绩，并在学校、社区和专业中发挥个人的影响力	（1）与区域内外的同事分享关于地方和国家的动向，以及政策如何影响课堂实践和学生学习期望的信息；（2）与同事合作，分析并利用研究成果，倡导满足所有学生需求的教学过程；（3）与同事合作，选择适当的机会，维护学生的权利或满足学生的需要，争取更多的资源以支持学生的学习，并与利益相关者如家长和社区成员进行有效沟通；（4）主张获得专业资源的支持，包括财政、人力和其他物质资源，使同事能够花较多时间学习有效的做法，并建立一个专注于学校改进目标的专业学习共同体；（5）在课堂之外的环境中代表和倡导自己所从事的专业

笔者编制的《河南省中原名师培育对象领导力现状调查问卷》，主要由两部分组成：一是基本资料，包括性别、年龄、学历、职称、教龄、任教学科、承担的职务、学校所在位置、所在学段、学校层级10个问题。二是参考了美国《教师领导者模型标准》，在略有修改的基础上设置了7个领域、37个问题。第一个领域为培育合作文化，设置5个问题考察名师在学校发展合作文化的情况，包含合作、信任以及尊重等。第二个领域为开展研究，设置4个问题来考察名师是否能够与同事、相关高校合作，利用课堂数据以改善教学质量。第三个领域是促进专业学习，设置8个问题来考察名师是否能够通过设置合理目标、运用适当技术、加强与同事合作等促进自身的专业学习。第四个领域为改善教学活动，设置6个问题考察名师对教学过程的理解、对教学数据的应用、对教学策略的改善等情况。第五个领域是运用评估和数据，设置4个问题考察名师对评价手段和信息的应用情况。第六个领域是改善与家庭和社区的合作关系，设置5个问题考察名师促进与家庭、社区系统的合作情况。第七个领域为倡导专业发展，设置5个问题考察名师获取专业资源、促进职业发展等情况。

每个问题都采用李克特五点计分法，1—5分从低到高依次表示"从不""很少""有时""经常""总是"。在题目设置上，为顺应大家的表达习惯，所有题目全部为正向问题，没有设置反向问题。

二、调查问卷检验

笔者编制的《河南省中原名师培育对象领导力现状调查问卷》，虽然参照了美国教师领导力探索联盟制定的《教师领导者模型标准》，具有一定的科学性，但是它是否与我国的国情、问卷对象的客观实际情况相适应，仍需要进行检验。

（一）信度检验

信度分析是运用SPSS软件工具分析验证所设计的问卷是否可靠，被调查者的答案与答案之间是否存在矛盾，问卷题目与题目之间是否具有良好的相关性，被调查者的回答是否可靠等系列问题。衡量一个量表的信度，一般看其内部一致性情况，通常用克隆巴赫系数（Cronbach's alpha）进行检验。信度系数愈高则表示该测验的结果愈一致、稳定与可靠。本研究像大多数研究一样，也采用克隆巴赫系数检验调查问卷的信度结果。

在克隆巴赫系数判定标准方面，克隆巴赫系数大于0.9表示信度很高，0.8—0.9表示信度高，0.7—0.8表示信度可以接受，0.6—0.7表示信度勉强接受，0.6以下表示不可接受。其他学者也对判定标准进行过界定，虽然在具体的数值上有所出入，但都强调一点：克隆巴赫系数越高，表明信度越好。

1. 培育合作文化信度检验

表 2-1-2　培育合作文化信度检验

选项	删除项后的标度平均值	删除项后的标度方差	修正后的项与总计相关性	删除项后的克隆巴赫系数	标准化后的克隆巴赫系数
A1	15.98	5.628	0.682	0.842	0.868
A2	15.96	5.442	0.688	0.841	
A3	15.81	5.787	0.714	0.835	
A4	15.74	5.718	0.687	0.841	
A5	16.02	5.525	0.689	0.841	

根据以上分析可见，在培育合作文化维度上标准化后的克隆巴赫系数为0.868，越接近1可靠性越高，这说明在培育合作文化维度上具有较高的信度。如果把对应的项删除，根据删除项后的克隆巴赫信度系数来看，其值都小于标准化后的克隆巴赫系数0.868。这说明，培育合作文化维度的相关选项不需要进行删除或调整。

2. 开展研究信度检验

表 2-1-3　开展研究信度检验

选项	删除项后的标度平均值	删除项后的标度方差	修正后的项与总计相关性	删除项后的克隆巴赫系数	标准化后的克隆巴赫系数
B1	11.29	4.639	0.448	0.833	0.808
B2	11.62	3.413	0.691	0.726	
B3	11.76	3.094	0.647	0.757	
B4	11.62	3.268	0.757	0.692	

根据以上分析可见，在开展研究维度上标准化后的克隆巴赫系数为 0.808，越接近 1 可靠性越高，这说明在开展研究维度上具有较好的信度。如果把对应的项删除，根据删除项后的克隆巴赫信度系数来看，B1 选项如果删除，信度系数会提高，变为 0.833。其余选项的信度系数都小于标准化后的克隆巴赫系数 0.808。因为本维度具有较好的信度，并且删除选项 B1 之后，信度系数变动不大。这说明，开展研究维度的选项不需要进行删除或调整。

3. 促进专业学习信度检验

表 2-1-4　促进专业学习信度检验

选项	删除项后的标度平均值	删除项后的标度方差	修正后的项与总计相关性	删除项后的克隆巴赫系数	标准化后的克隆巴赫系数
C1	27.42	17.978	0.642	0.907	0.912
C2	27.51	16.871	0.790	0.894	
C3	27.08	18.076	0.710	0.901	
C4	27.51	17.263	0.707	0.901	
C5	27.46	16.375	0.839	0.889	
C6	27.44	17.280	0.772	0.896	

续表

选项	删除项后的标度平均值	删除项后的标度方差	修正后的项与总计相关性	删除项后的克隆巴赫系数	标准化后的克隆巴赫系数
C7	27.15	18.832	0.588	0.910	0.912
C8	27.50	17.634	0.662	0.905	

根据以上分析可见，在促进专业学习维度上标准化后的克隆巴赫系数为 0.912，越接近 1 可靠性越高，这说明在促进专业学习维度上具有较好的信度。如果把对应的项删除，根据删除项后的克隆巴赫信度系数来看，所有选项的信度系数都小于标准化后的克隆巴赫系数 0.912。这说明，促进专业学习维度的选项不需要进行删除或调整。

4. 改善教学活动信度检验

表 2-1-5 改善教学活动信度检验

选项	删除项后的标度平均值	删除项后的标度方差	修正后的项与总计相关性	删除项后的克隆巴赫系数	标准化后的克隆巴赫系数
D1	19.56	8.187	0.729	0.841	0.873
D2	19.35	8.992	0.679	0.851	
D3	19.24	8.847	0.690	0.849	
D4	19.42	8.576	0.752	0.839	
D5	19.80	8.370	0.552	0.881	
D6	19.37	8.750	0.707	0.846	

根据以上分析可以看出，在改善教学活动维度上标准化后的克隆巴赫系数为 0.873，越接近 1 可靠性越高，这说明在改善教学活动维度上具有较好的信度。如果把对应的项删除，根据删除项后的克隆巴赫信度系数来看，D5 选项如果删除，信度系数会略有提高，变为 0.881。其余选项的信度系数都小于标准化后的克隆巴赫系数 0.873。由于本维度具有较好的信度，并且删除选项 D5 后，信度系数变化不大。这说明，改善教学活动维度的选项不需要进行删除或调整。

5. 运用评估和数据信度检验

表 2-1-6　运用评估和数据信度检验

选项	删除项后的标度平均值	删除项后的标度方差	修正后的项与总计相关性	删除项后的克隆巴赫系数	标准化后的克隆巴赫系数
E1	10.96	4.802	0.844	0.900	0.926
E2	10.86	4.866	0.881	0.886	
E3	10.92	5.292	0.787	0.918	
E4	10.89	5.152	0.806	0.912	

根据以上分析可见，在运用评估和数据维度上标准化后的克隆巴赫系数为 0.926，越接近 1 可靠性越高，这说明在运用评估和数据维度上具有较好的信度。如果把对应的项删除，根据删除项后的克隆巴赫信度系数来看，所有选项的信度系数都小于标准化后的克隆巴赫系数 0.926。这说明，运用评估和数据维度的选项不需要进行删除或调整。

6. 改善与家庭和社区的合作关系信度检验

表 2-1-7　改善与家庭和社区的合作关系信度检验

选项	删除项后的标度平均值	删除项后的标度方差	修正后的项与总计相关性	删除项后的克隆巴赫系数	标准化后的克隆巴赫系数
F1	13.28	10.944	0.838	0.924	0.939
F2	13.14	10.969	0.816	0.928	
F3	13.22	10.382	0.871	0.918	
F4	13.23	10.779	0.846	0.922	
F5	13.29	11.134	0.803	0.930	

根据以上分析可见，在改善与家庭和社区的合作关系维度上标准化后的克隆巴赫系数为 0.939，越接近 1 可靠性越高，这说明在改善与家庭和社区的合作关系维度上具有较好的信度。如果把对应的项删除，根据删除

项后的克隆巴赫信度系数来看，所有选项的信度系数都小于标准化后的克隆巴赫系数 0.939。这说明，改善与家庭和社区的合作关系维度的选项不需要进行删除或调整。

7. 倡导专业发展信度检验

表 2-1-8　倡导专业发展信度检验

选项	删除项后的标度平均值	删除项后的标度方差	修正后的项与总计相关性	删除项后的克隆巴赫系数	标准化后的克隆巴赫系数
G1	14.59	8.512	0.720	0.856	0.882
G2	14.37	8.235	0.742	0.851	
G3	14.60	7.768	0.787	0.839	
G4	14.52	7.757	0.741	0.851	
G5	14.37	8.750	0.602	0.882	

根据以上分析可见，在倡导专业发展维度上标准化后的克隆巴赫系数为 0.882，越接近 1 可靠性越高，这说明在倡导专业发展维度上具有较好的信度。如果把对应的项删除，根据删除项后的克隆巴赫信度系数来看，所有选项的信度系数都等于或小于标准化后的克隆巴赫系数 0.882。这说明，倡导专业发展维度的选项不需要进行删除或调整。

8. 总体信度系数

本研究用 SPSS 软件对调查问卷结果进行信度检验，经检验，其克隆巴赫系数为 0.97，表明具有较高的信度。

（二）效度检验

效度是指一个量表能够测量出想测量内容的程度。效度越高，说明测量到的结果越准确，对研究者来说价值就越大；反之，效度越低，说明测量到的结果越不准确，对研究者来说价值就越小。一般而言，效度包括内容效度和建构效度。由于本研究属于基础教育应用研究，可以直接使用于基础教育中小学教师专业发展，具有重要的意义和价值，因此对量表的质量和效度要求都比较高。为切实反映量表的效度程度，在测量时一般都要求界定相应的标准。对于内容效度，本研究所使用的量表是相对比较成熟的量表，内容已经过多重检验，效度较好。对于建构效度，可以从 KMO 检验系数和 Bartlett 球形检验系数两个指标进行衡量。一般来说，KMO 值大于 0.6，Bartlett 球形检验的显著性水平小于 0.05，即表明适合做因子分析，问卷具有较好的结构效度。

表 2-1-9　KMO 和 Bartlett 检验

KMO 取样适切性量数		0.892
Bartlett 球形检验	近似卡方	3195.472
	自由度	666.000
	显著性	0

从 KMO 检验系数和 Bartlett 球形检验两个检验指标可以看出，本问卷具有良好的结构效度。如表 2-1-9 所示，根据分析结果可见，本量表的 KMO 检验的系数结果为 0.892，接近 1，KMO 检验的系数越接近 1，说明量表的效度越好。除此之外，Bartlett 球形检验的显著性无限接近 0，并且拒绝原假设。

（三）差异性检验

差异性检验是通过单因素方差分析等检验方法去研究变量在不同维度上的差异情况。根据数据的特性，本次分析主要运用独立样本 t 检验和单因素方差分析来查看各变量对各维度的影响情况。

本次分析借助软件 SPSS26 版本实现相应的分析步骤。

1. 性别

表 2-1-10　各个维度在性别上的差异分析

变量	性别	N	平均值	标准误差平均值	t	显著性
培育合作文化	男	47	4.1222	0.07571	1.924	0.057
	女	80	3.8903	0.08054		
开展研究	男	47	3.8889	0.11971	0.389	0.698
	女	80	3.8387	0.06973		
促进专业学习	男	47	3.9826	0.10507	0.895	0.373
	女	80	3.8710	0.07289		
改善教学活动	男	47	3.9583	0.10187	0.873	0.385
	女	80	3.8522	0.07141		
运用评估和数据	男	47	3.7500	0.13138	1.175	0.243
	女	80	3.5685	0.08965		
改善与家庭和社区的合作关系	男	47	3.4389	0.12893	1.210	0.229
	女	80	3.2323	0.10640		
倡导专业发展	男	47	3.7000	0.11450	0.828	0.410
	女	80	3.5774	0.09119		

根据以上差异分析结果，可以发现性别在名师领导力的七个维度中，开展研究维度值最大，为 0.698，培育合作文化维度值最小，为 0.057，均大于标准的 0.05，并且不能拒绝原假设。因此，名师领导力在不同性别的教师上不存在显著的统计学差异，也就是说，不同性别的名师都具有领导力，男教师可以具有领导力，女教师同样也可以具有领导力。

2. 年龄

表 2-1-11　各个维度在年龄上的差异分析结果

变量	选项	N	平均值	标准偏差	F	显著性	多重比较
培育合作文化	35—40 岁	14	4.40	0.46	2.85	0.04	1＞3
	41—45 岁	51	3.99	0.65			
	46—50 岁	54	3.84	0.53			
	50 岁以上	8	4.03	0.39			
开展研究	35—40 岁	14	4.32	0.65	2.53	0.06	—
	41—45 岁	51	3.82	0.69			
	46—50 岁	54	3.77	0.52			
	50 岁以上	8	3.88	0.26			
促进专业学习	35—40 岁	14	4.15	0.76	0.83	0.48	—
	41—45 岁	51	3.92	0.63			
	46—50 岁	54	3.83	0.54			
	50 岁以上	8	3.96	0.35			
改善教学活动	35—40 岁	14	4.18	0.65	1.47	0.23	—
	41—45 岁	51	3.92	0.62			
	46—50 岁	54	3.82	0.52			
	50 岁以上	8	3.67	0.52			
运用评估和数据	35—40 岁	14	3.98	0.78	1.76	0.16	—
	41—45 岁	51	3.73	0.80			
	46—50 岁	54	3.48	0.66			
	50 岁以上	8	3.50	0.63			

续表

变量	选项	N	平均值	标准偏差	F	显著性	多重比较
改善与家庭和社区的合作关系	35—40 岁	14	3.75	0.87	3.22	0.03	1＞3, 1＞4, 2＞4
	41—45 岁	51	3.45	0.78			
	46—50 岁	54	3.14	0.79			
	50 岁以上	8	2.73	0.69			
倡导专业发展	35—40 岁	14	4.05	0.68	2.15	0.10	—
	41—45 岁	51	3.66	0.64			
	46—50 岁	54	3.51	0.75			
	50 岁以上	8	3.33	0.64			

注：1 代表 35—40 岁，2 代表 41—45 岁，3 代表 46—50 岁，4 代表 50 岁以上。

根据以上检验结果，可以发现在名师领导力模型的七个维度中，培育合作文化、改善与家庭和社区的合作关系两个维度的显著性检验结果分别为 0.04 和 0.03，都小于标准 0.05。因此，这两个维度在年龄上存在一定的差异。

从多重比较的结果来看，在培育合作文化维度上，35—40 岁的大于 46—50 岁的。在改善与家庭和社区的合作关系维度上，35—40 岁的大于 46—50 岁和 50 岁以上的，41—45 岁的大于 50 岁以上的。培育合作文化和改善与家庭和社区的合作关系这两个维度，都涉及合作问题，这也从一个侧面反映出随着年龄的增长，合作的意识和意愿反而不强。

3. 学历

表 2-1-12　各个维度在学历上的差异分析结果

变量	选项	N	平均值	标准偏差	F	显著性	多重比较
培育合作文化	专科	2	4.40		1.297	0.280	—
	本科	106	3.93	0.58			
	硕士（含在读）	14	4.27	0.61			
	博士（含在读）	5	3.92	0.59			
开展研究	专科	2	3.75		0.748	0.526	—
	本科	106	3.83	0.60			
	硕士（含在读）	14	4.11	0.49			
	博士（含在读）	5	3.75	1.00			
促进专业学习	专科	2	4.63		1.679	0.177	—
	本科	106	3.88	0.56			
	硕士（含在读）	14	4.19	0.57			
	博士（含在读）	5	3.68	1.03			
改善教学活动	专科	2	3.50		1.082	0.361	—
	本科	106	3.86	0.57			
	硕士（含在读）	14	4.17	0.48			
	博士（含在读）	5	3.80	0.91			
运用评估和数据	专科	2	2.75		1.498	0.220	—
	本科	106	3.60	0.71			
	硕士（含在读）	14	4.00	0.68			
	博士（含在读）	5	3.50	1.22			

续表

变量	选项	N	平均值	标准偏差	F	显著性	多重比较
改善与家庭和社区的合作关系	专科	2	3.60		2.093	0.106	—
	本科	106	3.22	0.80			
	硕士(含在读)	14	3.85	0.80			
	博士(含在读)	5	3.44	0.86			
倡导专业发展	专科	2	3.40		0.618	0.605	—
	本科	106	3.59	0.71			
	硕士(含在读)	14	3.89	0.64			
	博士(含在读)	5	3.56	0.86			

根据以上检验结果，可以发现在名师领导力模型七个维度中，学历的显著性检验结果在倡导专业发展维度上值最大，为0.605，在改善与家庭和社区的合作关系维度上值最小，为0.106，都明显大于标准0.05，差异不明显。

4. 职称

表2-1-13　各个维度在职称上的差异分析结果

变量	选项	N	平均值	标准偏差	F	显著性	多重比较
培育合作文化	一级教师	12	4.47	0.53	3.88	0.024	1＞2，1＞3
	高级教师	101	3.94	0.57			
	正高级教师	14	3.84	0.60			
开展研究	一级教师	12	4.47	0.40	5.48	0.006	1＞2，1＞3
	高级教师	101	3.79	0.62			
	正高级教师	14	3.84	0.42			

续表

变量	选项	N	平均值	标准偏差	F	显著性	多重比较
促进专业学习	一级教师	12	4.46	0.46	4.63	0.012	1>2,1>3
	高级教师	101	3.87	0.58			
	正高级教师	14	3.77	0.56			
改善教学活动	一级教师	12	4.26	0.58	2.64	0.077	—
	高级教师	101	3.88	0.57			
	正高级教师	14	3.68	0.59			
运用评估和数据	一级教师	12	4.14	0.75	3.43	0.036	1>2,1>3
	高级教师	101	3.63	0.72			
	正高级教师	14	3.30	0.68			
改善与家庭和社区的合作关系	一级教师	12	3.91	0.87	3.64	0.030	1>2,1>3
	高级教师	101	3.29	0.78			
	正高级教师	14	2.96	0.87			
倡导专业发展	一级教师	12	4.20	0.70	5.66	0.005	1>2,1>3,2>3
	高级教师	101	3.62	0.64			
	正高级教师	14	3.18	0.85			

注:1代表一级教师,2代表高级教师,3代表正高级教师。

根据以上检验结果,可以发现在教师领导力模型七个维度中,职称对七个方面的显著性检验结果在改善教学活动上值最大,为0.077,在倡导专业发展维度上值最小,为0.005,都明显小于标准0.05。这说明职称在各个维度上均存在差异。

根据多重比较的结果可见,在培育合作文化维度上,一级教师好于高级教师和正高级教师,高级教师与正高级教师间差异不明显;在开展研究维度上,一级教师好于高级教师和正高级教师,高级教师与正高级教师间差异不明显;在促进专业学习维度上,一级教师好于高级教师和正高级教师,高级教师与正高级教师间差异不明显;在运用评估和数据维度上,一级教师好于高级教师和正高级教师，高级教师与正高级教师间差异不明显；在改善与家庭和社区的合作关系维度上，一级教师好于高级教师和正高级教师，高级教师与正高级教师间差异不明显；在倡导专业发展维度上，一级教师好于高级教师和正高级教师，高级教师好于正高级教师。从以上可以看出，职称是影响教师领导力的重要因素。

5. 教龄

表 2-1-14 各个维度在教龄上的差异分析结果

变量	选项	N	平均值	标准偏差	F	显著性	多重比较
培育合作文化	10—15 年	1	4.00		2.275	0.067	—
	16—20 年	21	4.10	0.56			
	21—25 年	47	4.15	0.52			
	26—30 年	45	3.81	0.62			
	30 年以上	13	3.72	0.52			
开展研究	10—15 年	1	4.00		0.452	0.771	—
	16—20 年	21	4.00	0.79			
	21—25 年	47	3.89	0.67			
	26—30 年	45	3.76	0.51			
	30 年以上	13	3.83	0.46			
促进专业学习	10—15 年	1	4.00		0.314	0.868	—
	16—20 年	21	3.93	0.70			
	21—25 年	47	3.99	0.60			
	26—30 年	45	3.86	0.55			
	30 年以上	13	3.79	0.62			

续表

变量	选项	N	平均值	标准偏差	F	显著性	多重比较
改善教学活动	10—15 年	1	4.17		1.907	0.116	—
	16—20 年	21	3.98	0.64			
	21—25 年	47	4.02	0.54			
	26—30 年	45	3.82	0.55			
	30 年以上	13	3.50	0.62			
运用评估和数据	10—15 年	1	4.00		1.926	0.113	—
	16—20 年	21	3.78	0.84			
	21—25 年	47	3.76	0.73			
	26—30 年	45	3.58	0.68			
	30 年以上	13	3.10	0.66			
改善与家庭和社区的合作关系	10—15 年	1	3.60		1.512	0.205	—
	16—20 年	21	3.59	0.84			
	21—25 年	47	3.37	0.81			
	26—30 年	45	3.25	0.77			
	30 年以上	13	2.82	0.88			
倡导专业发展	10—15 年	1	4.20		1.592	0.183	—
	16—20 年	21	3.78	0.74			
	21—25 年	47	3.72	0.65			
	26—30 年	45	3.57	0.65			
	30 年以上	13	3.18	0.94			

根据以上分析结果可见，在教师领导力模型七个维度中，教龄的显著性检验结果分别为0.067、0.771、0.868、0.116、0.113、0.205、0.183，都明显大于标准0.05，差异不明显。

6. 任教学科

表 2-1-15　各个维度在任教学科上的差异分析结果

变量	选项	N	平均值	标准偏差	F	显著性	多重比较
培育合作文化	语文	32	4.04	0.58	0.962	0.498	—
	数学	25	3.95	0.65			
	英语	15	4.21	0.48			
	物理	9	3.77	0.29			
	化学	8	4.06	0.50			
	生物学	6	3.93	0.30			
	道德与法治	8	3.73	1.04			
	历史	5	4.40	0.47			
	地理	4	3.67	0.42			
	体育	5	4.04	0.97			
	音乐	4	3.40	0.16			
	美术	2	3.50	0.14			
	综合实践	1	4.00				
	信息技术	2	4.00	0			
	心理健康	1	4.00				
开展研究	语文	32	3.78	0.42	0.822	0.644	—
	数学	25	4.04	0.63			
	英语	15	3.95	0.70			
	物理	9	3.46	0.59			
	化学	8	3.86	0.28			
	生物学	6	3.83	0.44			

续表

变量	选项	N	平均值	标准偏差	F	显著性	多重比较
开展研究	道德与法治	8	3.50	0.99	0.822	0.644	—
	历史	5	4.30	0.67			
	地理	4	3.75	0.25			
	体育	5	3.70	1.15			
	音乐	4	3.94	0.13			
	美术	2	3.50	0.35			
	综合实践	1	4.00				
	信息技术	2	4.25	0.35			
	心理健康	1	4.00				
促进专业学习	语文	32	3.80	0.56	0.635	0.828	—
	数学	25	4.07	0.71			
	英语	15	3.89	0.66			
	物理	9	3.61	0.43			
	化学	8	3.89	0.28			
	生物学	6	3.94	0.55			
	道德与法治	8	3.56	0.84			
	历史	5	4.35	0.58			
	地理	4	4.04	0.63			
	体育	5	4.10	0.82			
	音乐	4	3.88	0.35			
	美术	2	3.81	0.09			
	综合实践	1	4.00				
	信息技术	2	4.06	0.09			
	心理健康	1	4.13				

续表

变量	选项	N	平均值	标准偏差	F	显著性	多重比较
改善教学活动	语文	32	3.81	0.66	0.799	0.668	—
	数学	25	3.96	0.52			
	英语	15	3.97	0.66			
	物理	9	3.67	0.42			
	化学	8	3.90	0.37			
	生物学	6	4.03	0.43			
	道德与法治	8	3.58	0.85			
	历史	5	4.37	0.52			
	地理	4	4.11	0.35			
	体育	5	4.03	0.81			
	音乐	4	3.71	0.44			
	美术	2	3.17	0.71			
	综合实践	1	3.83				
	信息技术	2	3.92	0.12			
	心理健康	1	3.83				
运用评估和数据	语文	32	3.50	0.70	1.632	0.087	—
	数学	25	3.84	0.58			
	英语	15	3.62	0.92			
	物理	9	3.32	0.40			
	化学	8	3.96	0.27			
	生物学	6	3.92	0.66			
	道德与法治	8	2.96	0.84			
	历史	5	4.25	0.75			
	地理	4	4.25	0.43			

续表

变量	选项	N	平均值	标准偏差	F	显著性	多重比较
运用评估和数据	体育	5	3.80	1.10	1.632	0.087	—
	音乐	4	3.44	0.77			
	美术	2	2.75	0.35			
	综合实践	1	3.00				
	信息技术	2	3.25	0			
	心理健康	1	3.25				
改善与家庭和社区的合作关系	语文	32	3.08	0.75	1.675	0.077	—
	数学	25	3.55	0.68			
	英语	15	3.39	0.94			
	物理	9	2.71	0.79			
	化学	8	3.77	0.34			
	生物学	6	3.17	0.72			
	道德与法治	8	2.80	0.88			
	历史	5	3.72	1.01			
	地理	4	3.67	0.58			
	体育	5	3.88	1.06			
	音乐	4	3.05	0.19			
	美术	2	2.30	0.42			
	综合实践	1	4.00				
	信息技术	2	2.80	1.13			
	心理健康	1	4.00				

续表

变量	选项	N	平均值	标准偏差	F	显著性	多重比较
倡导专业发展	语文	32	3.41	0.80	1.444	0.152	—
	数学	25	3.78	0.55			
	英语	15	3.79	0.79			
	物理	9	2.86	0.38			
	化学	8	3.86	0.28			
	生物学	6	3.73	0.87			
	道德与法治	8	3.43	0.79			
	历史	5	4.08	0.69			
	地理	4	3.87	0.42			
	体育	5	3.72	0.94			
	音乐	4	3.50	0.35			
	美术	2	3.00	0.28			
	综合实践	1	3.80				
	信息技术	2	3.50	0.71			
	心理健康	1	4.60				

根据以上分析结果可见，在名师领导力模型七个维度中，任教学科的显著性检验结果分别为0.498、0.644、0.828、0.668、0.087、0.077、0.152，都明显大于标准0.05。这说明名师领导力模型七个维度在教师任教学科上差异不明显。

7. 校内承担的职务

表 2-1-16　各个维度在校内承担的职务上的差异分析结果

变量	选项	N	平均值	标准偏差	F	显著性	多重比较
培育合作文化	科任老师	25	3.94	0.56	0.188	0.966	—
	教研组长	21	4.09	0.67			
	中层干部	43	3.97	0.56			
	班主任	8	3.93	0.53			
	校级领导	27	3.97	0.66			
	其他	3	3.80	0.20			
开展研究	科任老师	25	3.89	0.58	1.370	0.243	—
	教研组长	21	3.89	0.57			
	中层干部	43	3.92	0.60			
	班主任	8	4.25	0.45			
	校级领导	27	3.60	0.66			
	其他	3	3.83	1.01			
促进专业学习	科任老师	25	4.03	0.56	0.493	0.781	—
	教研组长	21	3.82	0.54			
	中层干部	43	3.98	0.60			
	班主任	8	3.92	0.48			
	校级领导	27	3.78	0.70			
	其他	3	3.88	0.70			

续表

变量	选项	N	平均值	标准偏差	F	显著性	多重比较
改善教学活动	科任老师	25	3.97	0.42	0.615	0.689	—
	教研组长	21	4.01	0.45			
	中层干部	43	3.89	0.61			
	班主任	8	3.86	0.19			
	校级领导	27	3.71	0.77			
	其他	3	4.00	0.88			
运用评估和数据	科任老师	25	3.80	0.60	0.588	0.709	—
	教研组长	21	3.69	0.67			
	中层干部	43	3.61	0.79			
	班主任	8	3.79	0.29			
	校级领导	27	3.43	0.86			
	其他	3	3.67	1.15			
改善与家庭和社区的合作关系	科任老师	25	3.27	0.81	0.063	0.997	—
	教研组长	21	3.40	0.79			
	中层干部	43	3.30	0.86			
	班主任	8	3.37	0.54			
	校级领导	27	3.27	0.83			
	其他	3	3.33	1.45			
倡导专业发展	科任老师	25	3.72	0.70	0.277	0.925	—
	教研组长	21	3.65	0.66			
	中层干部	43	3.65	0.66			
	班主任	8	3.63	0.32			
	校级领导	27	3.47	0.86			
	其他	3	3.67	1.17			

根据以上分析结果可见，在名师领导力模型七个维度中，校内承担的职务显著性检验结果分别为0.966、0.243、0.781、0.689、0.709、0.997、0.925，都明显大于标准0.05。这说明名师领导力模型七个维度在校内承担的职务上差异不明显。

8. 学校所在位置

表 2-1-17　各个维度在学校所在位置上的差异分析结果

变量	选项	N	平均值	标准偏差	F	显著性	多重比较
培育合作文化	市区	93	3.94	0.56	2.159	0.121	—
	县区	32	4.10	0.62			
	乡镇	2	3.00				
开展研究	市区	93	3.85	0.60	0.028	0.973	—
	县区	32	3.86	0.67			
	乡镇	2	4.00				
促进专业学习	市区	93	3.89	0.60	0.173	0.841	—
	县区	32	3.97	0.59			
	乡镇	2	4.00				
改善教学活动	市区	93	3.87	0.51	0.192	0.826	—
	县区	32	3.95	0.76			
	乡镇	2	3.83				
运用评估和数据	市区	93	3.60	0.70	0.446	0.641	—
	县区	32	3.74	0.86			
	乡镇	2	3.25				
改善与家庭和社区的合作关系	市区	93	3.28	0.79	0.303	0.739	—
	县区	32	3.41	0.92			
	乡镇	2	3.00				

续表

变量	选项	N	平均值	标准偏差	F	显著性	多重比较
倡导专业发展	市区	93	3.59	0.69	0.522	0.595	—
	县区	32	3.73	0.75			
	乡镇	2	3.20				

根据以上分析结果可见，在名师领导力模型七个维度中，学校所在位置的显著性检验结果分别为0.121、0.973、0.841、0.826、0.641、0.739、0.595，都明显大于标准0.05。这说明名师领导力模型七个维度在学校所在位置上差异不明显。

9. 学段

表2-1-18 各个维度在学段上的差异分析结果

变量	选项	N	平均值	标准偏差	F	显著性	多重比较
培育合作文化	高中学段	49	4.18	0.51	4.250	0.017	1＞2, 1＞3
	初中学段	45	3.85	0.55			
	小学学段	33	3.83	0.66			
开展研究	高中学段	49	3.95	0.62	1.136	0.325	—
	初中学段	45	3.86	0.59			
	小学学段	33	3.71	0.63			
促进专业学习	高中学段	49	4.02	0.57	1.102	0.337	—
	初中学段	45	3.85	0.61			
	小学学段	33	3.83	0.61			
改善教学活动	高中学段	49	4.04	0.48	2.409	0.095	—
	初中学段	45	3.83	0.60			
	小学学段	33	3.74	0.65			

续表

变量	选项	N	平均值	标准偏差	F	显著性	多重比较
运用评估和数据	高中学段	49	3.79	0.65	2.147	0.122	—
	初中学段	45	3.64	0.75			
	小学学段	33	3.40	0.82			
改善与家庭和社区的合作关系	高中学段	49	3.39	0.78	0.409	0.665	—
	初中学段	45	3.29	0.84			
	小学学段	33	3.21	0.86			
倡导专业发展	高中学段	49	3.71	0.57	0.482	0.619	—
	初中学段	45	3.56	0.87			
	小学学段	33	3.58	0.65			

注：1代表高中学段，2代表初中学段，3代表小学学段。

根据以上分析结果可知，在名师领导力模型七个维度中，培育合作文化维度在学段上的显著性检验结果为0.017，明显小于标准0.05，说明存在差异。其他维度都不存在差异。

根据多重比较的结果，可以发现在培育合作文化维度上，高中学段好于初中学段和小学学段。这或许是由高中学段的特点决定的。在高中学段，教学任务繁重、升学压力剧增、知识跨度较大，单靠一个教师恐怕不能应对挑战，需要教师发挥合作的优势，集体攻关，团结协作，最终取得优异的成绩。

10. 学校层级

表2-1-19　各个维度在学校层级上的差异分析结果

变量	选项	N	平均值	标准偏差	F	显著性	多重比较
培育合作文化	省级示范性学校	49	4.17	0.48	2.694	0.026	1＞2，1＞5，2＞4

续表

变量	选项	N	平均值	标准偏差	F	显著性	多重比较
培育合作文化	市级示范性学校	31	3.77	0.63	2.694	0.026	1＞2，1＞5，2＞4
	市级一般学校	14	3.82	0.33			
	县级重点学校	17	4.17	0.54			
	县级一般学校	12	3.64	0.78			
	其他	4	3.93	0.90			
开展研究	省级示范性学校	49	3.99	0.59	0.642	0.668	—
	市级示范性学校	31	3.77	0.64			
	市级一般学校	14	3.80	0.33			
	县级重点学校	17	3.81	0.69			
	县级一般学校	12	3.69	0.66			
	其他	4	3.75	1.15			
促进专业学习	省级示范性学校	49	3.95	0.58	0.495	0.779	—
	市级示范性学校	31	3.91	0.63			
	市级一般学校	14	3.67	0.58			
	县级重点学校	17	3.98	0.54			
	县级一般学校	12	3.99	0.66			
	其他	4	3.75	0.82			
改善教学活动	省级示范性学校	49	3.98	0.48	0.888	0.493	—
	市级示范性学校	31	3.87	0.55			
	市级一般学校	14	3.58	0.53			
	县级重点学校	17	3.92	0.76			
	县级一般学校	12	3.94	0.67			
	其他	4	3.78	1.07			

续表

变量	选项	N	平均值	标准偏差	F	显著性	多重比较
运用评估和数据	省级示范性学校	49	3.76	0.64	0.987	0.430	—
	市级示范性学校	31	3.60	0.73			
	市级一般学校	14	3.23	0.70			
	县级重点学校	17	3.65	0.78			
	县级一般学校	12	3.72	0.88			
	其他	4	3.42	1.42			
改善与家庭和社区的合作关系	省级示范性学校	49	3.35	0.80	0.339	0.888	—
	市级示范性学校	31	3.31	0.80			
	市级一般学校	14	3.16	0.57			
	县级重点学校	17	3.37	0.90			
	县级一般学校	12	3.09	1.05			
	其他	4	3.67	1.22			
倡导专业发展	省级示范性学校	49	3.67	0.58	0.679	0.641	—
	市级示范性学校	31	3.68	0.73			
	市级一般学校	14	3.27	0.79			
	县级重点学校	17	3.65	0.79			
	县级一般学校	12	3.58	0.86			
	其他	4	3.87	0.99			

注："多重比较"一栏中，1代表省级示范性学校，2代表市级示范性学校，3代表市级一般学校，4代表县级重点学校，5代表县级一般学校，6代表其他。

根据以上分析结果不难发现，在名师领导力模型七个维度中，培育合作文化维度在学校层级上的显著性检验结果为0.026，明显小于标准0.05，这说明存在差异。其他维度都不存在差异。

根据多重比较的结果，可以发现在培育合作文化维度上，省级示范性学校好于市级示范性学校和县级一般学校，市级示范性学校好于县级重点学校。这说明学校层级越高，其合作意识、合作意愿、合作能力越强。

（四）相关性分析

表 2-1-20　各个维度间的相关性分析

变量	相关性	培育合作文化	开展研究	促进专业学习	改善教学活动	运用评估和数据	改善与家庭和社区的合作关系	倡导专业发展
培育合作文化	皮尔逊相关性	1						
开展研究	皮尔逊相关性	.486**	1					
促进专业学习	皮尔逊相关性	.507**	.788**	1				
改善教学活动	皮尔逊相关性	.547**	.705**	.821**	1			
运用评估和数据	皮尔逊相关性	.416**	.689**	.725**	.840**	1		
改善与家庭和社区的合作关系	皮尔逊相关性	.396**	.541**	.570**	.611**	.666**	1	
倡导专业发展	皮尔逊相关性	.482**	.654**	.764**	.804**	.777**	.742**	1

注：** 在 0.01 级别（双尾），相关性显著。

根据分析结果可见，各个变量在99%的显著性水平上均存在显著的相关性，而且相关系数都大于0，所以都是正相关关系。

根据上述分析，从对调查问卷进行信度检验来看，本研究的问卷调查具有较高的信度；从对调查问卷进行效度检验来看，本研究的问卷调查具有较高的效度；从对调查问卷进行差异性检验来看，中原名师培育对象作为一个优秀的群体，在性别、学历、教龄、任教学科、校内承担的职务、学校所在位置等维度对其领导力无明显影响作用，职称对其领导力具有明显的影响作用；从对调查问卷进行相关性分析来看，本研究的问卷调查各个维度之间具有显著的相关性。

第二节　调查数据分析

在本研究的调查问卷内容确定之后，通过问卷星平台进行设置，从 2021 年 12 月开始在河南省中原名师培育对象（2020—2022）微信群中进行发布，严格遵循自愿原则进行问卷调查，不存在任何行政干预，共回收有效问卷 128 份，问卷回收率为 85.3%。通过对回收的问卷进行技术分析，发现 1 份问卷答题时间过短，为无效问卷，其他 127 份问卷通过答题时间判定、结构维度分析等进行甄别，为真实有效问卷，有效率为 99.2%。在对调查问卷结果进行信度检验、效度检验、差异性检验以及相关性分析的基础上，本研究对收集到的 127 份有效问卷数据进行了进一步具体分析和解释，以揭示数据背后的真相。

本研究使用 SPSS26 对调查数据进行分析。

一、总体情况的分析

（一）调查对象基本信息分析

表 2-2-1　调查对象基本信息（N=127）

变量	选项	频率	百分比 /%	平均值	标准差
性别	男	47	37.0	1.63	0.48
	女	80	63.0		
年龄	35—40 岁	14	11.0	3.44	0.77
	41—45 岁	51	40.2		

续表

变量	选项	频率	百分比 /%	平均值	标准差
年龄	46—50 岁	54	42.5	3.44	0.77
	50 岁以上	8	6.3		
学历	专科	2	1.6	2.20	0.54
	本科	106	83.5		
	硕士（含在读）	14	11.0		
	博士（含在读）	5	3.9		
职称	一级教师	12	9.4	2.02	0.45
	高级教师	101	79.5		
	正高级教师	14	11.0		
教龄	10—15 年	1	0.8	3.38	0.91
	16—20 年	21	16.5		
	21—25 年	47	37.0		
	26—30 年	45	35.4		
	30 年以上	13	10.2		
任教学科	语文	32	25.2	4.92	3.78
	数学	25	19.7		
	英语	15	11.8		
	物理	9	7.1		
	化学	8	6.3		
	生物学	6	4.7		
	道德与法治	8	6.3		
	历史	5	3.9		
	地理	4	3.1		
	体育	5	3.9		
	音乐	4	3.1		
	美术	2	1.6		
	综合实践	1	0.8		

续表

变量	选项	频率	百分比/%	平均值	标准差
任教学科	信息技术	2	1.6	4.92	3.78
	心理健康	1	0.8		
校内承担的职务	科任老师	25	19.7	3.03	1.47
	教研组长	21	16.5		
	中层干部	43	33.9		
	班主任	8	6.3		
	校级领导	27	21.3		
	其他	3	2.4		
学校所在位置	市区	93	73.2	1.28	0.47
	县区	32	25.2		
	乡镇	2	1.6		
学段	高中学段	49	38.6	1.87	0.79
	初中学段	45	35.4		
	小学学段	33	26.0		
学校层级	省级示范性学校	49	38.6	2.39	1.49
	市级示范性学校	31	24.4		
	市级一般学校	14	11.0		
	县级重点学校	17	13.4		
	县级一般学校	12	9.4		
	其他	4	3.1		

根据以上的分析结果可以看出：

从性别来看，男教师有 47 人，占样本总量的 37.0%；女教师有 80 人，占样本总量的 63.0%。这从一个侧面反映出，在基础教育学段，女教师是教师群体的主力军。

从年龄来看，35—40 岁的教师有 14 人，占样本总量的 11.0%；41—45 岁的教师有 51 人，占样本总量的 40.2%；46—50 岁的教师有 54 人，占样本总量的 42.5%；50 岁以上的教师有 8 人，占样本总量的 6.3%。其中，41—50 岁的教师占据 82.7% 的比重。

从学历来看，专科毕业有 2 名教师，占样本总量的 1.6%；本科毕业有 106 名教师，占样本总量的 83.5%；硕士（含在读）毕业有 14 名教师，占样本总量的 11.0%；博士（含在读）毕业有 5 人，占样本总量的 3.9%。从学历来看，本科学历占样本教师的大多数，这从一个侧面反映出，样本教师需要进一步提升学历层次。

从职称来看，一级教师有 12 人，占样本总量的 9.4%；高级教师有 101 人，占样本总量的 79.5%；正高级教师有 14 人，占样本总量的 11.0%。样本教师中，以高级教师居多，这反映出样本教师具有较好的专业素养。

从教龄来看，从教 10—15 年的有 1 位教师，占样本总量的 0.8%；从教 16—20 年的有 21 位教师，占样本总量的 16.5%；从教 21—25 年的有 47 位教师，占样本总量的 37.0%；从教 26—30 年的有 45 位教师，占样本总量的 35.4%；从教 30 年以上的有 13 位教师，占样本总量的 10.2%。这反映出，样本教师以从教 20 年以上的教师占主流。

从任教学科来看，语文教师有 32 人，占样本总量的 25.2%；数学教师有 25 人，占样本总量的 19.7%；英语教师有 15 人，占样本总量的 11.8%；物理教师有 9 人，占样本总量的 7.1%；化学教师有 8 人，占样本总量的 6.3%；生物学教师有 6 人，占样本总量的 4.7%；道德与法治教师有 8 人，占样本总量的 6.3%；历史教师有 5 人，占样本总量的 3.9%；地理教师有 4 人，占样本总量的 3.1%；体育教师有 5 人，占样本总量的 3.9%；音乐教师有 4 人，占样本总量的 3.1%；美术教师有 2 人，占样本总量的 1.6%；综合实践教师有 1 人，占样本总量的 0.8%；信息技术教师有 2 人，占样本总量的 1.6%；心理健康教师有 1 人，占样本总量的 0.8%。

从校内承担的职务来看，科任老师有 25 人，占样本总量的 19.7%；教研组长有 21 人，占样本总量的 16.5%；中层干部有 43 人，占样本总量的 33.9%；班主任有 8 人，占样本总量的 6.3%；校级领导有 27 人，占样本总量的 21.3%；其他有 3 人，占样本总量的 2.4%。这说明校级领导和中层干部等具有一定职位的教师占比超过一半。

从学校所在位置来看，市区有 93 人，占样本总量的 73.2%；县区有 32 人，占样本总量的 25.2%；乡镇有 2 人，占样本总量的 1.6%。这说明样本教师以市区教师为主。

从学段来看,高中学段有49人,占样本总量的38.6%;初中学段有45人,占样本总量的35.4%;小学学段有33人,占样本总量的26.0%。

从学校层级来看,省级示范性学校有49人,占样本总量的38.6%;市级示范性学校有31人,占样本总量的24.4%;市级一般学校有14人,占样本总量的11.0%;县级重点学校有17人,占样本总量的13.4%;县级一般学校有12人,占样本总量的9.4%;其他有4人,占样本总量的3.1%。

(二)各维度均值分析

表2-2-2 各维度均值分析

变量	N	最小值	最大值	均值	标准偏差
培育合作文化	127	2	5	3.9755	0.58311
开展研究	127	2.25	5	3.8571	0.61342
促进专业学习	127	2.38	5	3.912	0.59454
改善教学活动	127	2.17	5	3.8912	0.57988
运用评估和数据	127	1.75	5	3.6352	0.73846
改善与家庭和社区的合作关系	127	1.6	5	3.3082	0.81692
倡导专业发展	127	1.2	5	3.6224	0.70572

从表2-2-2各维度均值分析来看,在得分平均值方面,名师领导力得分总体上呈现中等偏上的水平。其中,培育合作文化维度得分最高(3.9755),改善与家庭和社区的合作关系维度得分最低(3.3082)。其他几个维度得分从高到低依次为促进专业学习、改善教学活动、开展研究、运用评估和数据、倡导专业发展。总体上来说,调查对象群体普遍具有较高的领导力,这是本研究能够顺利进行的现实基础。因为只有调查对象具有较高的领导力,才能作出进一步的分析,探究其发展的机制问题。如果调查对象自身的领导力水平较低,那么本研究的研究基础就无从谈起。从各维度均值中

我们也能看到，在具体的维度上均值还存在着一定的差距，这从一个侧面说明名师领导力各维度还存在不均衡的现象。从数据看，改善与家庭和社区的合作关系维度得分最低，说明部分名师的协同育人意识还不强，协同育人的抓手还需要丰富，协同育人的能力还有待提高，协同育人的机制还需要健全。这种不均衡现象，启示中小学名师在继续发挥自身优势的同时，还要清醒地看到自身存在的短板和不足，只有把短板和不足加以克服，才能更好地促进自身领导力的发展。

二、分维度得分分析

（一）培育合作文化维度分析

表 2-2-3　培育合作文化维度分析

选项	N	平均值	标准偏差	最小值	最大值
利用团队形式与同事共同努力，解决问题，做出决策，管理冲突，促进有意义的变革	127	3.90	0.72	2	5
掌握有效的倾听、表达想法、引导讨论、澄清、协调和识别自我与他人需求的技能，以促进共同目标的实现和专业学习的提升	127	3.92	0.77	2	5
增进同事之间的信任，发展集体智慧，开展支持学生的活动	127	4.07	0.66	2	5
努力创造具有包容性的文化，在应对挑战时包容不同的观点	127	4.13	0.70	2	5
加强与不同背景、文化和语言的交流，促进同事之间的有效互动	127	3.86	0.75	2	5

从表 2-2-3 可以看出，培育合作文化维度各选项得分都在 4.00 分上下，属于中等偏上水平，说明中小学名师能够与同事建立相互平等、彼此信任

的积极关系，能够倡导积极的合作文化，并在教育实践中积极化解各种冲突，为实现自身发展和学生发展与同事进行合作。其中，"努力创造具有包容性的文化，在应对挑战时包容不同的观点"选项得分最高（4.13），说明调查对象愿意创造具有包容性的文化，具有包容的意识。除此之外，调查对象还能够包容他人不同的观点，具有较强的包容性。"加强与不同背景、文化和语言的交流，促进同事之间的有效互动"选项得分最低（3.86），说明调查对象虽然具有一定的合作意识，但在具体的交流合作中，特别是在促进同事之间跨背景、跨文化和跨语言的交流中，还相对缺乏有效的互动。因此，调查对象不仅要积极培育合作文化，具有合作的意识，更要在解决问题、化解冲突的过程中掌握合作的技能，促进同事之间的专业学习，以促使组织目标的顺利实现。

（二）开展研究维度分析

表 2-2-4　开展研究维度分析

选项	N	平均值	标准偏差	最小值	最大值
帮助同事加强研究，以选择适当的策略来提高学生的学习成绩	127	4.14	0.556	3	5
共同促进学生学习数据的分析和结果的应用，提高教学质量	127	3.81	0.782	2	5
支持同事与相关的高等教育机构或其他组织合作，从事关键教育问题的研究	127	3.67	0.917	2	5
帮助和支持同事收集、分析课堂数据，提高教学质量	127	3.81	0.782	2	5

从表 2-2-4 来看，开展研究维度各选项得分都在 4.00 分上下，属于中等偏上水平，这说明调查对象具有一定的研究能力。这从河南省中原名师培育对象遴选的条件中也得到了佐证。课题立项和课题结项情况、论文发表情况以及在答辩过程中所呈现出的问题意识、研究意识都是其中重要

的遴选条件。从各选项得分情况来看,"帮助同事加强研究,以选择适当的策略来提高学生的学习成绩"得分最高(4.14),这说明调查对象能够在开展研究工作时对同事提供帮助,并且研究的重心主要围绕自身的教育教学活动进行,其出发点主要是为了学生的发展,为了提高学生的成绩,为了提升教育教学的质量,具有一定的结果导向。"支持同事与相关的高等教育机构或其他组织合作,从事关键教育问题的研究"得分最低(3.67),这说明调查对象在开展研究时,主要靠自己和同事的力量,相对缺乏高校和相关组织的支持,这或许从一个侧面反映出,基础教育教师的理论素养有待提升,开展研究的视野还相对比较狭窄,开展研究的能力还需要进一步提高,与高校联合开展研究的机制还没有建立,中小学名师丰富的教学实践还需要高校专家学者的理论支持和指导。从调查情况来看,一个地域的高校数量越多,此地域教师的研究意识、研究能力、研究水平、研究成果都相对比较好。这从一个侧面也能够说明,高校在理论研究方面的天然优势、在科研过程中使用的方法等会带动和促进中小学教师研究能力的提升。为提升中小学名师开展研究的能力,"U-S"合作或许是一个理想的路径选择。因此,中小学名师应该主动走进高校、主动联系高校的学者、主动与高校专家学者合作开展课题研究,这不失为提升中小学名师研究能力的一条捷径。

(三)促进专业学习维度分析

表 2-2-5　促进专业学习维度分析

选项	N	平均值	标准偏差	最小值	最大值
根据学校目标,与同事和学校管理人员合作,规划团队的专业学习,这样的规划是基于团队的,工作是嵌入式的、持续一段时间的、与课程标准一致的	127	3.88	0.750	2	5

续表

选项	N	平均值	标准偏差	最小值	最大值
利用有关教师学习的信息,识别和促进不同的、有区别的专业学习,以应对同事的多样化学习需求	127	3.79	0.790	2	5
为促进同事之间的专业学习创造便利条件	127	4.21	0.677	2	5
识别并使用适当的技术促进协作和差异化的专业学习	127	3.79	0.803	2	5
与同事合作,收集、分析和传播与教师专业学习、教学和学生学习有关的数据	127	3.84	0.821	2	5
倡导做好充分的准备,支持同事以团队的形式工作,进行工作嵌入式的专业学习	127	3.86	0.746	1	5
向同事提供建设性意见,以加强教学实践,提高学生的学习成绩	127	4.14	0.658	2	5
在规划和促进专业学习方面使用有关新兴教育、经济和社会发展趋势的信息	127	3.80	0.786	1	5

从表2-2-5来看,促进专业学习维度各选项得分都在4.00分上下,属于中等偏上水平,这说明调查对象具有一定的专业学习能力。从各选项得分情况来看,"为促进同事之间的专业学习创造便利条件"得分最高(4.21),这说明调查对象不仅能够促进自身的专业学习,还能够加强合作,创造条件,发挥自身的影响力和示范作用,促进同事发展。"利用有关教师学习的信息,识别和促进不同的、有区别的专业学习,以应对同事的多样化学习需求""识别并使用适当的技术促进协作和差异化的专业学习"得分低(3.79),这说明调查对象有不同的专业发展需求,应提供有针对性的学习机会和资源,满足这些不同的需求,及对新技术的运用还有不足,运用新技术促进同事之间协作以及指导同事进行差异化、个性化学习方面还有

差距。中小学名师要积极拥抱新技术、敢于尝试新技术,让技术赋能于名师的专业学习和协作合作。

(四)改善教学活动维度分析

表 2-2-6 改善教学活动维度分析

选项	N	平均值	标准偏差	最小值	最大值
收集、分析和使用基于课堂和学校的数据,以确定改进课程、教学、评价、学校组织和学校文化的机会	127	3.79	0.790	2	5
在观察教学、学生学习和评估数据的基础上,结合实践,与同事进行反思对话	127	4.00	0.658	2	5
通过担任导师、教练和促进者等角色,支持同事个人和集体反思,从而促进专业成长	127	4.10	0.681	2	5
作为团队的领导,根据同事的技能、经验和知识去表达对课程及学生的学习期望	127	3.93	0.692	2	5
利用新技术指导同事,帮助学生熟练运用互联网,利用社交媒体促进协作学习,并与世界各地建立联系	127	3.55	0.910	1	5
改进教学策略,以解决教室中各式各样的问题,并保持公平性,同时确保学生的学习需求仍然是教学的中心	127	3.98	0.688	2	5

从表 2-2-6 来看,改善教学活动维度各选项得分都在 4.00 分上下,属于中等偏上水平,这说明调查对象能够把教学作为学校的中心工作,重视对教学活动的反思与改善。从各选项得分情况来看,"通过担任导师、教练和促进者等角色,支持同事个人和集体反思,从而促进专业成长"得

分最高（4.10），这说明调查对象作为基础教育的名师，能够发挥名师的影响力促进同事的发展，并能够利用自身的专业优势促进同事的反思，使同事不断得到成长。而"利用新技术指导同事，帮助学生熟练运用互联网，利用社交媒体促进协作学习，并与世界各地建立联系"得分最低（3.55），这说明调查对象还要进一步提高与时俱进的能力，不断了解新兴技术，掌握并运用新兴技术、新媒体，加强各方交流，甚至在世界范围内进行交流。

（五）运用评估和数据维度分析

表 2-2-7 运用评估和数据维度分析

选项	N	平均值	标准偏差	最小值	最大值
提高同事识别和使用符合国家和地方标准的多种评估工具的能力	127	3.58	0.861	1	5
与同事合作设计、实施学生评估方法，并学会解读，提高教师的教育实践和学生的学习水平	127	3.68	0.820	1	5
营造一种肯定和批判性反思的氛围，让同事参与到关于学生学习的富有挑战性的对话中，从而找出问题的解决方案	127	3.62	0.780	2	5
与同事合作，利用评估和数据促进教学实践或组织结构的变化，以提高学生的学习成绩	127	3.65	0.801	2	5

从表 2-2-7 来看，运用评估和数据维度各选项得分均在 4.00 分以下，属于中等偏上水平，这说明调查对象在运用评估和数据上还需要加强。从各选项得分情况来看，"与同事合作设计、实施学生评估方法，并学会解读，提高教师的教育实践和学生的学习水平"得分最高（3.68），虽然得分最高，但与其他维度平均值相比，还是有一定的差距，这说明调查对象能够记录和解读学生的数据，但与同事合作设计、实施等能力可能还不强，这种记录和解读的方式方法、技术手段可能还不够丰富，调查对象对数据的记录

和解读还可能不太熟练。而"提高同事识别和使用符合国家和地方标准的多种评估工具的能力"得分最低（3.58），这说明调查对象不仅要了解各种评估工具，知悉评估工具的使用方法、适用情况等，还要进一步提高运用评估和使用数据的能力，把自己的教育教学活动、教科研活动建立在"循证研究"的基础之上，而不是仅仅建立在自己的经验之上。中小学名师要学会收集数据、分析数据、使用数据，通过数据来支撑自己的观点，通过数据来改善教育教学行为。

（六）改善与家庭和社区的合作关系维度分析

表 2-2-8　改善与家庭和社区的合作关系维度分析

选项	N	平均值	标准偏差	最小值	最大值
利用对学校和社区不同背景、文化和语言的认识和理解，促进同事与家庭、社区之间的有效互动	127	3.27	0.892	1	5
示范、讲授有效的与家庭和其他利益相关者的交流合作技能	127	3.40	0.905	1	5
协助同事检讨对社区文化和多样性认识方面的不足，以及如何制定文化适应策略，丰富学生的教育经验，使所有学生都能实现高水平的学习	127	3.32	0.959	1	5
家庭和社区对教育的需要不同，在这方面与同事达成共识	127	3.31	0.913	1	5
与同事合作，制定综合策略，以满足家庭和社区的不同教育需求	127	3.26	0.889	1	5

从表 2-2-8 来看，改善与家庭和社区的合作关系维度各选项得分均在 3.50 分以下，属于中等水平，在教师领导力所有维度上，此维度得分最低。这说明相对来说改善与家庭和社区的合作关系还是中小学名师的短板，部分名师的协同育人意识还不强，协同育人的抓手还需要丰富，协同育人的

能力还有待提高，协同育人的机制还需要健全，这也是中小学名师需要进一步提高的地方。从各选项得分情况来看，所有选项的得分都在3.50分以下，"示范、讲授有效的与家庭和其他利益相关者的交流合作技能"得分虽然是最高，也只有3.40分，与目标分值还存有较大差距。这说明调查对象虽然具有与家庭和社区合作的意识，部分中小学名师也具有与家庭和社区合作的能力，并且与家庭和社区有着有效的互动，但从调查数据来看，特别是与其他维度对比来看，中小学名师还是需要采用家访、家长开放日、社会实践基地建设、社会调查等多种方式，多渠道了解家庭和社区不同的、差异化的教育需求，加强与同事之间的合作，采取系统的策略和方法，进一步改善与家庭和社区的合作关系的能力，不断加强学校、家庭和社会的协同育人能力，不断构筑全员育人、全程育人、全方位育人格局，不断增强育人的"向心力"，勾画育人"同心圆"。

（七）倡导专业发展维度分析

表2-2-9 倡导专业发展维度分析

选项	N	平均值	标准偏差	最小值	最大值
与区域内外的同事分享关于地方和国家的动向，以及政策如何影响课堂实践和学生学习期望的信息	127	3.52	0.789	2	5
与同事合作，分析并利用研究成果，倡导满足所有学生需求的教学过程	127	3.74	0.829	1	5
与同事合作，选择适当的机会，维护学生的权利或满足学生的需要，争取更多的资源以支持学生的学习，并与利益相关者如家长和社区成员进行有效沟通	127	3.51	0.888	1	5

续表

选项	N	平均值	标准偏差	最小值	最大值
主张获得专业资源的支持,包括财政、人力和其他物质资源,使同事能够花较多时间学习有效的做法,并建立一个专注于学校改进目标的专业学习共同体	127	3.59	0.929	1	5
在课堂之外的环境中代表和倡导自己所从事的专业	127	3.74	0.841	1	5

从表 2-2-9 来看，倡导专业发展维度各选项得分均在 4.00 分以下，属于中等偏上水平，这说明中小学名师具有专业情感，能够认同、热爱自己所从事的专业。从各选项得分情况来看，"与同事合作，分析并利用研究成果，倡导满足所有学生需求的教学过程"和"在课堂之外的环境中代表和倡导自己所从事的专业"得分最高（3.74），这说明调查对象能够积极与同事合作，把自己满腔的爱倾注到教学中，具有一定的职业认同感和热忱的教育情怀。"与同事合作，选择适当的机会，维护学生的权利或满足学生的需要，争取更多的资源以支持学生的学习，并与利益相关者如家长和社区成员进行有效沟通"得分最低（3.51），这说明调查对象在努力运用自己的专业知识，实现自己专业的价值。但从整体上看，中小学名师还需要汇聚各方资源，赢得各方的理解与支持，还需要进一步挖掘和整合资源，不断讲好专业故事，传播专业声音，扩大专业影响。

三、选项得分高低分析

为更直观地展现调查对象在领导力发展方面的长处与短处，现对问卷中得分排名前 10 的选项和得分排名后 10 的选项进行展示、分析，以期能促使名师们扬长避短，促进名师领导力的全面发展。

（一）得分排名前 10 选项分析

表 2-2-10　得分排名前 10 选项分析

选项	分值
为促进同事之间的专业学习创造便利条件	4.21
帮助同事加强研究，以选择适当的策略来提高学生的学习成绩	4.14
向同事提供建设性意见，以加强教学实践，提高学生的学习成绩	4.14
努力创造具有包容性的文化，在应对挑战时包容不同的观点	4.13
通过担任导师、教练和促进者等角色，支持同事个人和集体反思，从而促进专业成长	4.10
增进同事之间的信任，发展集体智慧，开展支持学生的活动	4.07
在观察教学、学生学习和评估数据的基础上，结合实践，与同事进行反思对话	4.00
改进教学策略，以解决教室中各式各样的问题，并保持公平性，同时确保学生的学习需求仍然是教学的中心	3.98
作为团队的领导，根据同事的技能、经验和知识去表达对课程及学生的学习期望	3.93
掌握有效的倾听、表达想法、引导讨论、澄清、协调和识别自我与他人需求的技能，以促进共同目标的实现和专业学习的提升	3.92

从表 2-2-10 来看，得分排名前 10 的选项主要集中在教师教书育人的本职工作上，具体表现为与同事合作、提高学生学习成绩、满足学生的需求、专业学习、反思对话等方面。从活动发生的场域来看，主要集中在学校内部，以教学为中心，围绕同事关系、师生关系以及自我关系进行。为提高学生的学习成绩，调查对象与同事们能够结合教育实践和学生数据进行对话反思、集体反思，不断调整教学。调查对象还积极与同事合作、加强研究，能够向同事提出建设性的意见，提供积极改进的教学策略，以求达到最佳的教学效果，为学生的终身发展打下坚实的基础。与此同时，中小学名师

不断促进自身的专业学习，积极与同事进行合作，能够发挥集体的力量、汇集集体的智慧解决教学中出现的问题。在问题解决的过程中，中小学名师也在不断提高自身的沟通技能，如增强有效的倾听与表达、讨论引导与协调等技能，以实现教育教学目标。同时还可以看出，中小学名师注重自身发展和同事关系以及教学领导力的提升。

（二）得分排名后 10 选项分析

表 2-2-11　得分排名后 10 选项分析

选项	分值
与同事合作，制定综合策略，以满足家庭和社区的不同教育需求	3.26
利用对学校和社区不同背景、文化和语言的认识和理解，促进同事与家庭、社区之间的有效互动	3.27
家庭和社区对教育的需要不同，在这方面与同事达成共识	3.31
协助同事检讨对社区文化和多样性认识方面的不足，以及如何制定文化适应策略，丰富学生的教育经验，使所有学生都能实现高水平的学习	3.32
示范、讲授有效的与家庭和其他利益相关者的交流合作技能	3.40
与同事合作，选择适当的机会，维护学生的权利或满足学生的需要，争取更多的资源以支持学生的学习，并与利益相关者如家长和社区成员进行有效沟通	3.51
与区域内外的同事分享关于地方和国家的动向，以及政策如何影响课堂实践和学生学习期望的信息	3.52
利用新技术指导同事，帮助学生熟练运用互联网，利用社交媒体促进协作学习，并与世界各地建立联系	3.55
提高同事识别和使用符合国家和地方标准的多种评估工具的能力	3.58
主张获得专业资源的支持，包括财政、人力和其他物质资源，使同事能够花较多时间学习有效的做法，并建立一个专注于学校改进目标的专业学习共同体	3.59

从表 2-2-11 来看，得分排名后 10 位的选项主要集中在家校社协作能力、争取外部资源、运用评估工具、利用新技术以及构建学习共同体等方面，这是中小学名师发挥领导力相对欠缺的地方。这要求中小学名师能够与时俱进，不断掌握新兴技术并为我所用；在教育教学过程中，能够了解评估工作、熟悉评估工作，并能够合理运用评估工具，发挥教育评价的牵引作用；要善于收集和分析学生学习数据、教师教学数据、课堂数据、专业发展数据，提高自身的数字素养，使教育教学和教育科研建立在数据支撑的基础之上；能够打造学习共同体，塑造美好发展愿景，充分发挥团队力量，不断提高名师的影响力；要积极发挥自身的积极性和主动性，不断扩大自己的"朋友圈"，增强自身调动、使用各种资源的能力和水平。

第三节 问卷调查的结果与启示

为充分了解河南省中原名师培育对象这一名师群体的领导力状况,笔者参考美国教师领导力探索联盟于 2011 年发布的《教师领导者模型标准》进行了调查问卷的编制。现对回收的 127 份有效问卷调查结果进行总结和反思。

一、问卷调查发现

(一)河南省中小学名师群体具有较强的领导力

通过调查发现,样本名师在教师领导者标准七个维度上的均值为 3.743,说明河南省中小学名师群体具有较强的领导力。河南省中原名师培育对象群体,是从河南省基础教育 150 万名教师中遴选出来的,真可谓"万里挑一",其遴选条件之苛刻、竞争之激烈、要求之严格有目共睹,能够从中脱颖而出,其本身也能说明这一群体应具有一定的领导力。从分维度来看,培育合作文化、促进专业学习、改善教学活动得分位居前三甲,说明河南省中小学名师具有较强的合作意识,能够促进自身的专业发展,并且注重教学活动和学生成绩的提升。运用评估和数据、倡导专业发展、改善与家庭和社区的合作关系三个维度得分相对较低,说明河南省中小学名师群体需要进一步发挥自身的引领、辐射、示范和带动作用,适当扩大自己的活动场域;基于循证研究,讲好专业故事、传播专业声音;调动学校、家庭和社会的教育力量,协同育人,为促进学生学习和健康成长画好"同心圆"。

（二）各变量对中小学名师群体领导力的影响不均衡

经过信度和效度检验，本研究所使用的调查问卷 Cronbach's a 系数为 0.97，具有较高的信度。KMO 检验的系数结果为 0.892，Bartlett 球形检验的显著性无限接近于 0，具有良好的效度。

根据数据的特性，本研究使用独立样本 t 检验和单因素方差分析进行差异性检验。经检验，教师领导者标准的七个维度在性别、学历、教龄、任教学科、校内承担的职务、学校所在位置六个方面上的差异显著性检验值均大于标准的 0.05，不能拒绝原假设。这说明，中小学名师领导力在不同性别、学历、教龄、任教学科、校内承担的职务、学校所在位置上不存在显著的统计学差异。而在年龄、职称、学段、学校层级四个方面的部分维度上存在着显著性差异。这一方面反映出河南省中原名师培育对象这一群体具有一定的同质性，在领导力发展达到一定程度之后，其差异性变得越来越小；另一方面，在同质性基础上的差异性更应该被重视，探析现象背后更深层次的原因更加重要。

年龄对培育合作文化和改善与家庭和社区合作关系两个维度产生影响，并且 35—40 岁这一年龄段的名师合作能力更强，随着年龄的增长，合作的意愿反而不强，甚至下降。

对七个维度影响最大的因素是职称。除在改善教学活动维度上不存在显著性差异外，其他六个维度均存在显著性差异，并且一个很难接受的现象是，一级教师在各个维度上都居于优势，高级教师和正高级教师在很多维度上反而不具有显著性差异。这是不是与我国的职称评定政策有关？在原先的制度设计中，高级教师是中小学职称评定的天花板，虽然现在在中小学职称评定中新增了正高级教师，但对很多教师来说，这是高不可攀的。因此，在没有评上高级教师之前，一级教师为了能够评上高级教师而奋力拼搏，积极创造评定高级职称的各种条件。而一旦评上高级教师之后，就开始选择"躺平"，缺乏进取精神，甚至开始"吃老本"。值得庆幸的是，职称对改善教学活动维度的影响不具有差异性，这说明，不管拥有什么职称的名师，都非常重视教育教学活动，都能够对学生负责，都能坚守师者最起码的职业准则。

学段对培育合作文化具有显著性影响。普通高中学段的学科特性、知识特点、任务特征要求教师具有合作精神。因此，在培育合作文化维度上，高中学段好于初中学段和小学学段。

学校层级也对培育合作文化维度产生显著性影响。省级示范性学校好于市级示范性学校和县级一般学校，市级示范性学校好于县级重点学校，这说明学校层级越高，其合作意识、合作意愿、合作能力越强。

通过对比发现，培育合作文化维度是变动最频繁的维度，也是最易受到影响的维度。虽然中小学名师具有较强的合作意识，但在具体执行层面，合作的意愿、合作的能力、合作的方式、合作的效果仍然存有空间。这从一个侧面也说明，合作、沟通、协作、交流永无止境，提升名师合作和共享的能力永远在路上。

（三）河南省中小学名师领导力维度具有内在的不均衡性

加德纳的多元智能理论告诉我们，智能是多元的。这一方面启示我们要尊重差异和个性，另一方面也启示我们要追求全面和多样。名师虽然是优秀教师的代表，但受智能的限制，其发展或许受到这样或那样因素的影响和制约。通过调查问卷对中小学名师领导力现状进行剖析，就是为了抓重点、补短板、强弱项，进一步提高中小学名师的领导力。

经过调查可知，中小学名师对自身要求严格，具有较强的进取精神，有一定的自我成长力；具有较强的专业素质和能力，在教育教学中一直走在前列，有一定的教学领导力；注重校内与同事、学生合作，有一定的团队建构力。但也存在着一些短板，如在教学过程中，不能合理使用评估工具，不能恰当运用新技术、新手段服务教学工作，缺乏对数据的分析和使用；在团队建构中，重心放在校内同事关系和师生关系的建构上，对家校社协同育人、争取社会资源等方面的重视程度不够。这为笔者重新构建名师领导力维度提供了空间和动力。

二、问卷调查反思

（一）对调查问卷本身的反思

美国教师领导力探索联盟耗时3年制定了《教师领导者模型标准》。

在标准制定的过程中，美国教师领导力探索联盟经过了大量的研究和考察，不断征求研究人员的意见和建议，最终发布了这一循证支持的标准。很明显，这一标准是基于美国教师领导力发展状况建构的，这一标准是否与中国的国情相适应，其话语体系和风格是否与我国教师的话语体系和风格相适应，其划分维度是否科学、合理并与我国教育现实相适应，仍是一个有待商榷的问题。在量表使用的过程中，笔者虽然对其进行了改动，但明显感觉到语言风格、表达习惯等与我们常用的文风有一定的出入，并且在维度划分上不太明晰，很多地方有较多重复。如合作问题，可以说贯穿所有维度之中。在开展研究中，强调与同事一起开展研究。在专业学习中，强调开展团队学习。该标准还主张打破教室和学校的界限，让教师在社会中开展更广泛的合作。也就是说，该标准对维度的划分可能会有点多。这一点，通过探索因子分析也得到了旁证。虽然探索因子分析主要适用于维度不知的情况。

本研究通过 SPSS26 对量表进行了因子分析，通过主成分分析法进行总方差解释，如表 2-3-1 所示。

表 2-3-1　量表总方差解释

成分	初始特征值			提取载荷平方和			旋转载荷平方和		
	总计	方差百分比	累积/%	总计	方差百分比	累积/%	总计	方差百分比	累积/%
1	17.99	48.63	48.63	17.99	48.63	48.63	6.49	17.55	17.55
2	2.67	7.23	55.86	2.67	7.23	55.86	6.37	17.23	34.78
3	2.19	5.91	61.77	2.19	5.91	61.77	6.06	16.38	51.16
4	1.58	4.27	66.04	1.58	4.27	66.04	4.02	10.87	62.03
5	1.28	3.46	69.50	1.28	3.46	69.50	2.76	7.47	69.50
6	0.95	2.56	72.06						
7	0.86	2.32	74.37						
8	0.77	2.07	76.44						

续表

成分	初始特征值			提取载荷平方和			旋转载荷平方和		
	总计	方差百分比	累积/%	总计	方差百分比	累积/%	总计	方差百分比	累积/%
9	0.74	1.99	78.43						
10	0.70	1.88	80.31						
11	0.66	1.79	82.10						
12	0.62	1.69	83.79						
13	0.55	1.49	85.28						
14	0.51	1.37	86.65						
15	0.47	1.28	87.93						
16	0.44	1.19	89.12						
17	0.41	1.11	90.23						
18	0.38	1.03	91.26						
19	0.36	0.98	92.24						
20	0.32	0.87	93.11						
21	0.29	0.80	93.91						
22	0.28	0.75	94.66						
23	0.22	0.59	95.25						
24	0.21	0.57	95.82						
25	0.20	0.53	96.35						
26	0.18	0.49	96.84						
27	0.17	0.47	97.31						
28	0.16	0.44	97.75						
29	0.14	0.39	98.14						
30	0.13	0.36	98.50						
31	0.12	0.32	98.82						

续表

成分	初始特征值			提取载荷平方和			旋转载荷平方和		
	总计	方差百分比	累积/%	总计	方差百分比	累积/%	总计	方差百分比	累积/%
32	0.10	0.28	99.10						
33	0.09	0.24	99.34						
34	0.08	0.21	99.55						
35	0.07	0.20	99.75						
36	0.06	0.15	99.90						
37	0.04	0.10	100.00						

注：提取方法为主成分分析法。

从表可知，37个题项，划分为五个维度更为合适，这五个维度的累计方差贡献率为69.50%。一般来说，累计方差贡献率超过60%就是可靠的。这五个维度可以包括哪些问题，可以通过旋转后的成分矩阵来进行分析。它既可以告诉我们量表维度的构架，也可以告诉我们题项的效度。

表2-3-2 旋转后的成分矩阵分析

题项	成分				
	1	2	3	4	5
30	0.85				
32	0.82				
31	0.82				
29	0.82				
28	0.79				
35	0.62				
33	0.58				
37					
36					

续表

题项	成分				
	1	2	3	4	5
9		0.83			
11		0.73			
7		0.71			
14		0.67			
13		0.61			
10		0.61			
8		0.59			
15		0.54			
22		0.52			
25			0.76		
24			0.69		
20			0.69		
21			0.68		
34			0.62		
23			0.59		
19			0.56		
17			0.56		
26	0.52		0.56		
18		0.51	0.55		
27		0.52	0.52		
4				0.81	
2				0.77	
1				0.75	
3				0.74	

续表

题项	成分				
	1	2	3	4	5
5				0.67	
16					0.61
12					0.55
6					

提取方法：主成分分析法。旋转方法：凯撒正态化最大方差法。旋转在10次迭代后已收敛。

根据表2-3-2旋转后的矩阵分析可知，37、36、6三个题项没有效度，可以删除。26、18、27三个题项没有通过效度检验，同时在两个维度上的载荷都高于0.5，属于无效题项，也可以删除。其余题项在单个维度上载荷高于0.5，属于有效题项，通过了效度检验，可以保留。

基于以上全部分析，30、32、31、29、28、35、33这七个题项属于维度一；9、11、7、14、13、10、8、15、22这九个题项属于维度二；25、24、20、21、34、23、19、17这八个题项属于维度三；4、2、1、3、5这五个题项属于维度四；16、12这两个题项属于维度五。这一维度划分虽然也不一定是科学的，但是为笔者进一步构建名师领导力维度提供了借鉴。

（二）对调查问卷结果的反思

1. 拒绝"躺平"，不断增强自我领导力

名师能成为名师，肯定与其努力拼搏分不开；名师能成为名师，肯定拥有广博的专业知识、娴熟的专业技能、端正的专业精神，这是名师专业成长的基础。名师在后续的发展中，要不断增强自身的引领、辐射能力，变"个人资本"为"社会资本"，这就要求名师不能停留在原有阶段止步不前，而是要树立终身学习的理念，增强进一步发展的意愿，激发进一步发展的内驱力，不断地超越自我、挑战自我，不断增强自我成长力和自我领导力。

2. 强化弱项，不断增强教学领导力

教学工作是学校的中心工作。做好教学工作，是名师必须守好的阵地，也是教师能成为名师最重要的资本。名师了解课程标准和教学目标，明晰

教学流程，能够通过合适的方法驾驭课堂，提升教学质量。名师了解学生，能够形成良好的师生关系，营造良好的学习环境。但在教学过程中，有的名师可能还停留在经验总结阶段，不能对教学数据进行专业的收集、分析和使用；还有一些名师，不能及时拥抱新事物，不能借力新兴科学技术赋能教学；更有一些名师，理论知识匮乏，只具有"教学意识"而不具备"课程意识"，能够上好一节课，知道"教什么"，却不知道"为什么教"，更不知道上好课背后的逻辑是什么，不能够从理论的视角对教学进行剖析。名师要发展领导力，需要强化这些弱项，不断以问题为导向，进行学习提升、实践提升和理论提升。

3. 补齐短板，不断增强人际领导力

很多研究表明，在教师领导力的影响因素中，最关键的一个因素是教师和同事、校长之间的关系。与此同时，随着社会的发展，学校作为社会系统的一个单元，也愈发受到各利益相关者的影响。因此，名师不能把自己仅囿于学校内部，还要不断增强人际领导力，除处理好与同事、学生、领导的关系外，还要处理好与家庭、社会相关组织以及其他利益相关者的关系，减少发展阻碍，协同各方力量，调动各种资源。可以说，以协作和共享为核心的人际领导力会渗透到名师领导力的方方面面，某种程度上说，是名师领导力的核心要素。

4. 创新方式，不断增强团队领导力

名师要发展领导力，仅靠自己单枪匹马、单打独斗是远远不够的，还要有自己的团队。对河南省中原名师培育对象这一群体，河南省教育厅和中原名师培育项目办公室在政策上都给予了很大支持，要求各中原名师培育对象成立自己的工作室，吸纳工作室成员，建立研修共同体，使名师工作室成为教师培养的基地、名师展示的舞台、教学示范的窗口、科研兴教的引擎、教育改革的论坛，打造区域性教学合作团队。名师不仅要建立好自己的团队，管理好自己的团队，还要发挥好团队的作用。名师可以以工作室为平台，以丰富多彩的活动为抓手，共启发展愿景，营造良好文化环境，学会授权，把自己的团队做优、做强，不断增强团队的引领、辐射、示范和带动作用。

第三章

中小学名师领导力发展的构成维度

在通过中小学"名师之眼"了解名师领导力发展现状的基础上，本章主要从中小学"名师之言"的角度进一步考察中小学名师领导力的发展状况。在质性研究中，对同一个问题要采用多角度互证的方式进行全面认识。为全面了解中小学名师领导力状况，研究者采用了半结构访谈的方式对中小学名师进行了深度访谈。首先，对半结构访谈的相关情况进行简要介绍，并对访谈情况进行简要分析。其次，在全面了解中小学名师领导力现状的基础上，对名师领导力的维度进行划分。最后，对中小学名师领导力结构进行建构。

第一节 深度访谈及主要发现

深度访谈，一方面是为了对调查问卷的结果进行验证，另一方面也是为了得到中小学名师领导力方面的第一手资料，从更细微的角度了解名师领导力的基本状况。

一、访谈情况概览

在开始访谈之前，研究者必须对要研究的场所和群体做出决定，对要使用的各种资料做出决定，对一个场所应该要研究多长时间做出决定。[1]本研究的研究对象为150名河南省中原名师培育对象。在对他们的领导力状况通过问卷调查进行分析的基础上，根据不同的变量和影响因素进一步

---

[1] 朱丽叶·M.科宾、安塞尔姆·L.施特劳斯：《质性研究的基础：形成扎根理论的程序与方法》，朱光明译，重庆大学出版社，2015，第162页。

确定访谈对象。

（一）访谈对象的遴选

通过认真比较分析，本研究选取 10 名中原名师培育对象并进行了深度访谈。在访谈对象遴选的过程中，主要考虑了性别、年龄、学历、职称、教龄、任教学科、承担的职务、学校所在位置、所在学段、学校层级等问题。考虑到基础教育女教师占大多数的客观现实，在访谈中也以女教师为主。在访谈过程中，访谈者与被访谈者的熟悉程度会影响访谈的质量，因研究者在西南大学培育基地进行培育，为达到更好的访谈效果，在访谈对象的遴选上，如果学科较为类似，则以西南大学培育基地的中原名师培育对象为主。10 名访谈对象中，1 名一级教师、1 名正高级教师、8 名高级教师。从校内职务看，10 名访谈对象中，有 3 名是班主任，有 6 名是中层干部，还有 1 名是校级领导。从学段来看，小学、初中、高中全覆盖，其中小学教师 2 名、初中教师 5 名、高中教师 3 名。从学校层级来看，省级示范性学校的访谈对象有 2 位，市级示范性学校的访谈对象有 6 位，还有 2 位来自市级一般学校。从所获荣誉来看，受访者既有河南省名师（这是评选中原名师培育对象的必备条件），也有中原教学名师和中原领军人才，更有全国模范教师、全国五一劳动奖章获得者等高层次人才。访谈对象基本情况如表 3-1-1 所示。

表 3-1-1 访谈对象基本信息

编号	性别	年龄	职称	任教学科	校内职务	学段	学校层级	所获荣誉
1	男	39	高级教师	数学	中层干部	高中	省级示范性学校	河南省骨干教师、河南省名师、河南省教学标兵
2	女	34	一级教师	小学英语	班主任	小学	市级一般学校	河南省名师、河南省骨干教师

续表

编号	性别	年龄	职称	任教学科	校内职务	学段	学校层级	所获荣誉
3	女	46	高级教师	音乐	大队辅导员	初中	市级示范性学校	教育部"一师一优课"优课奖、河南省一校一品优秀辅导教师、河南省名师
4	女	42	高级教师	高中英语	中层干部	高中	市级示范性学校	河南省名师
5	女	43	高级教师	音乐	中层干部	高中	省级示范性学校	中原领军人才、中原教学名师
6	女	39	高级教师	初中英语	班主任	初中	市级示范性学校	河南省优秀班主任、河南省教师教育专家、河南省学术技术带头人、河南省名班主任工作室主持人
7	女	47	高级教师	道德与法治	副校长	初中	市级示范性学校	河南省名师
8	女	43	正高级教师	体育	教研组长	初中	市级示范性学校	全国模范教师、全国五一劳动奖章、省政府特殊津贴、河南省学术技术带头人、河南省优秀教师、国家级优质课一等奖
9	男	45	高级教师	小学英语	中层干部	小学	市级示范性学校	河南省优秀共产党员、河南省名师
10	女	40	高级教师	初中英语	班主任	初中	市级一般学校	河南省名师

（二）访谈内容的确定

访谈的目的是进一步了解中小学名师领导力状况。访谈采取半结构访谈的方式进行，这样既有利于提高访谈的效率，同时被访谈对象也能够围绕主题畅所欲言。访谈内容分为两部分，第一部分是了解受访者的基本情况，并对访谈对象愿意接受访谈表示感谢，同时承诺本研究遵循保密原则，访谈内容仅作为研究资料，请访谈对象放心回答，这样可以进一步打消访谈对象的顾虑。第二部分是正式访谈内容，由七个问题构成：①请谈谈您对名师领导力的理解。②请您大致归纳名师领导力所包含的维度。③请您结合自身工作实际，例谈怎样成为一个教师领导者。④您认为影响名师领导力发展的因素有哪些？⑤在领导力发展的过程中，制度和规则给您带来了什么影响？⑥在领导力发展的过程中，您认为应该怎样处理各方面的关系？⑦就提升名师领导力，您有什么好的建议？

　　第一个问题设计的主要目的是了解访谈对象对名师领导力的理解，侧重于名师是否具有领导力以及对名师领导力内涵的理解；第二个问题设计的主要目的是了解访谈对象对名师领导力内容的理解；第三个问题设计的主要目的是了解访谈对象成长的经历以及成功的秘诀，这既与第二个问题有关联，同时也与第四个问题有关联；第四个问题设计的主要目的是了解访谈对象对制约名师领导力发展因素的挖掘；第五个问题设计的主要目的是了解访谈对象对规则的理解，这是活动理论的重要因素；第六个问题设计的主要目的是了解访谈对象对人际关系的理解、认识情况；第七个问题设计的主要目的是了解访谈对象对发展名师领导力的建议与设想。这七个问题内部既具有一定的关联性，同时也具有一定的侧重性。上述七个问题牵涉面较广，在访谈的过程中，在尊重受访者发言连贯性的基础上，适时进行对话和追问。

（三）访谈的实施

　　访谈全部由研究者本人实施，受一些因素影响，访谈全部通过电话、微信等方式线上进行。在正式访谈前一周，通过电话与受访者联系，介绍研究的主题和主要内容，征求受访者是否愿意接受访谈。如受访者愿意接受访谈，则向受访者发送访谈提纲，以供受访者充分准备。提前与受访者确定正式访谈时间，在访谈开始前，在征得受访者同意的前提下，对访谈内容进行录音。访谈结束后，运用文字转录工具对录音内容进行文字转录。通过初步转录，得到转录文字14万余字。通过研究者的进一步阅读，删除无关、重复、客套等文字，共得到有效访谈信息6万余字。

（四）访谈的饱和度

访谈时到底要访谈多少人，这个问题既简单又复杂，其中一个衡量的标准就是看是否能够达到"饱和度"。饱和度是一个相对的概念，绝对的饱和是不存在的，也是根本达不到的。"饱和通常理解为'没有新的类属或相关主题出现时。'……换句话说，研究的目的不仅仅是提出一个类属清单。研究还要对这些类属说一些什么。"[1]也就是说，当研究者在收集访谈数据时，如果不能再产生新的观点，没有新的相关主题出现时，访谈就达到了饱和，研究者也就可以停止收集数据。

（五）访谈资料的整理

访谈资料经初步整理后，研究者借助扎根理论的部分方法对访谈资料作进一步整理。研究者对访谈资料进行编码分析，抽取出有价值的访谈信息进行归类，提炼出核心类属，以方便分析使用。

二、访谈主要发现

（一）名师能"领导"吗

在访谈过程中，受访者无一例外地认为名师具有领导力，名师是可以"领导"的。这种领导不同于行政科层式的领导，这两种领导既有相同的地方，也有很大的区别。下面是访谈过程中较具有代表性的阐述。

【访谈3-1-1　名师的领导力主要表现为带领、引领和影响】

　　名师领导力的体现，就是怎样把名师的辐射和引领作用体现出来，发挥名师领导力的过程就是从个人优秀转向群体优秀的过程，通过引领、影响让更多的人更优秀。

---

[1] 朱丽叶·M.科宾、安塞尔姆·L.施特劳斯：《质性研究的基础：形成扎根理论的程序与方法》，朱光明译，重庆大学出版社，2015，第159页。

名师具有领导力，这种领导力主要是名师通过示范、引领和辐射对他人产生的影响。名师通过领导力的发挥，实现由个人的优秀到群体的优秀。也就是说，名师通过领导力的发挥，能够促进整个教师团队的专业发展。

【访谈 3-1-2　名师领导力的作用巨大】

　　名师不同于学校校长、中层干部这样的群体，名师本身可能不存在任何的行政安排。名师的教学质量高，自发性强，参与学校的事情也多，跟同事的关系又很好，那么，名师的号召力、组织力和感召力有时候跟学校的中层没有太大区别，甚至比行政领导对学校文化产生的影响还要大。

这位受访者明确表示名师具有领导力，而且这种领导力不同于行政科层式的领导力。如果科层式领导是"硬"领导的话，那么，名师的领导力其实是"软"领导。名师要发挥好自身的领导力，不仅需要具有强烈的发展意愿，还要处理好与同事的关系，并且还要积极参与学校的事务。

【访谈 3-1-3　名师的领导力更多是以榜样的力量出现的】

　　名师具有领导力，但是这种领导力是区别于行政领导力的，名师的领导力实际上更多是以榜样的力量出现的。为什么这样说呢？名师的领导力体现在以下三个方面：第一，通过个人专业的发展去号召、感染周围的教师；第二，通过个人的职业道德操守或者人格魅力，去感染周围的同志，感染周围的教师；第三，通过专业素养以及所展现出来的人格魅力，引领周围教师的发展。

名师具有领导力，离不开名师自身的素质，这是名师发挥领导力的基础。这位受访者认为，名师只有具有过硬的专业素质、高尚的道德情操，才能更好地发挥自身的榜样作用。与此持类似观点的，还有下一位受访者。

【访谈 3-1-4　名师具有领导力的基础】

　　名师具有领导力的基础是掌握前沿的教育理念、精湛的专业知识以及拥有高尚的师德情操。首先，名师的教育理念必须要对、要新，绝对不能走偏，如果教育理念太陈旧或者不正确，这些都不能增强名师的领导力。其次，专业上一定要过硬，不能让别人质疑，这是我自己非常看重的一方面。最后，在师德情操上，胸怀格局、理想目标、价值追求、为人处世各方面都很重要。我认为这三点如果具备了，名师的影响力自然就增强了。

名师具有领导力的基础，也可以称为名师领导力的来源，或者说名师具有领导力的"合法性"问题。名师领导力从某种意义上来说，是一种权威和权力。对这一问题，很多学者进行过精辟的论述，也形成了很多经典的观点。如韦伯（Weber）根据合法性所要求的条件，把权威分为魅力型权威（charismatic authority）、传统权威（traditional authority）和合法权威（legal authority）。其中，魅力型权威，它主要来源于领导者的个人魅力、个人素质和个人特征；传统权威，它源于以往人们行使权威时所建立起来的神圣信念；合法权威，它建立在通过正式程序而颁布的法律之上。名师，在学校里不一定都占有一个职位，也不一定受到组织的正式任命，因此，名师的领导力，很显然属于魅力型权威，正是由于名师的非凡魅力，形成了对名师的认同感。

约翰·R.P.弗伦奇（John·R. P. French）和伯特伦·H.雷文（Bertram·H. Raven）对权力来源的分析也同样令人瞩目。他们把权力分为五种类型，分别是奖赏权（reward power）、强制权（coercive power）、合法权（legitimate power）、参照权（referent power）和专家权（expert power）。奖赏权是管理者通过奖励他们所期望的行为而影响下属。奖赏权的影响取决于奖酬的吸引力以及一个人可以控制奖酬的确定性程度。强制权是管理者通过惩罚不合要求的行为而影响下属。强制权的影响取决于惩罚的严厉性以及惩罚难以避免的可能性。合法权是管理者仅仅通过拥有的正式职位而影响下属。参照权是管理者以下属对管理者的喜好和认同为基础而影响下属。拥有参照权的人是令人钦佩和值得尊敬的，是人们仿效的榜样。专家权是管理者以专业知识和技能为基础影响下属。奖赏权、强制权与合法权受制于组织职位。职位越高，权力的潜力越大。相反，参照权与专家权更多地依靠管理者诸如性格、领导风格、知识和人际技巧等个性品质。[1]名师的领导力，其权力来源主要依靠自己的个性品质、专业知识、专业情感和专业技能，更多的是一种参照权和专家权。

无独有偶。托马斯·J.萨乔万尼对领导权威的来源也做了细致的分析。他认为，领导权威的来源有五种，分别为科层权威（bureaucratic authority）、心理权威（psychological authority）、技术—理性权威（technical-rational authority）、专业权威（professional authority）和道德权威（moral authority）。[2]科层权威主要依靠制度、规则与规章、指令等，教师或遵章守则，或面对不利后果；心理权威主要依靠激励技术、人际技能和人际关系，教师因惬意的氛围和奖赏而愿意去遵章守则；技术—理性权威，主要由逻辑和科学研究来界定；专业权威，主要依靠个人专长和技艺知识作出回应；道德权威，主要依靠教师对共同的承诺和相互依赖感作出回应，责任感和义务感来自宽广而共享的共同体价值观、理念和理想。名师的领导力，其权威来源主要是人际关系、个人专长以及共同体价值观，更多的是一种心理权威、专业权威和道德权威。

（二）名师要"领导"谁

在访谈过程中，虽然对名师要领导谁这一问题有不同的侧重点，但归纳起来可以看出，名师对同事、学生、家长和学校都存在一定的影响力。下面是两个比较有代表性的观点。

【访谈3-1-5 名师能够影响同事、学生、家长】

名师领导力更偏重的应该是一种影响力。用名师的影响力，去带动一部分人，不管是影响同事，还是带动学生，甚至是跟名师形成教育合力的家长，我觉得这都应该属于名师领导力的一部分。

---

[1] 韦恩·K.霍伊、塞西尔·G.米斯克尔：《教育管理学：理论·研究·实践（第7版）》，范国睿主译，教育科学出版社，2007，第202—204页。

[2] 托马斯·J.萨乔万尼：《道德领导：抵及学校改善的核心》，冯大鸣译，上海教育出版社，2002，第41—42页。

【访谈 3-1-6 名师能够影响同事、学生、学校】

我觉得名师的影响力可以通过三个方面表现出来：一是对老师的影响，二是对学生的影响，三是对学校的影响。对老师的影响，名师与学科老师之间的互相交流促进，在平时的教学教研中，就可以发挥影响力。对学生的影响，主要体现在日常对学生的培养方面，包括对学生的组织管理，潜移默化地影响他们的情感态度、价值取向，还有培养学生的学习能力等方面。对学校方面的影响，是通过对老师的影响来实现的，除了之前说到的对同学科老师的影响，还包括对同年级老师的影响，自己的工作态度、专业能力会对同年级的老师产生一些影响，长此以往，我认为就能形成一种比较好的教风，进而形成比较好的学校氛围。

名师对其他主体的领导是基于名师具有的专业权，专业权奠定了名师影响其他主体的合理性和合法性。在实际访谈中，多元主体维护名师的领导，支持名师领导力的实现。

（三）名师要"领导"什么

教师领导者的角色是多元的，教育教学实践行为是多样的，所以教师领导的机会和领域也是多种的。名师要领导的领域，归结起来，主要有以下几个方面：

1. 领导课程与教学

【访谈 3-1-7 创编室内操，开发校本课程】

学生每天学习的时间比较长，他们的肢体需要伸展和锻炼，所以我就创编了室内操。我们还将创编的室内操拍成了视频，配上图片和解说文字，然后以校本课程的形式进行成果推广。条件成熟了我们还计划创编室外操。同时，响应"双减"政策，学生回家可以带动家长锻炼身体，推动全社会开展一些体育活动，达到全民健身的目的。

我国实施三级课程管理体系，除国家课程、地方课程外，还有校本课程。在新课标、新课程、新评价"三新"背景下，教师不仅要把教学搞好、把课上好，更重要的是，还要树立课程意识，根据校情、学情需要开发校本课程、实施校本课程。因此，名师开发、实施课程的能力，也是名师领导力的重要方面。

【访谈 3-1-8　课堂才是名师的光】

课堂带给我一种闪着光的吸引力。虽然我已经教学 27 年了，但还是特别喜欢课堂。教学相长嘛，在教着教着的时候，突然间就有那么一瞬间，创新的灵感在思维的碰撞下就迸发出来了。

"课堂是教师专业发展、成长的实践域，教师的生命在课堂。立足课堂、打磨课堂、变革课堂，并根据课堂实际发生的问题进行教学研究是教师专业高质量发展的持续动力。"[1]名师对课堂教学具有天然的亲近感，名师喜欢与学生在一起。因为热爱，所以执着并全力以赴。名师领导教学是名师领导力的基础。

2. 积极参与学校事务

【访谈 3-1-9　名师有更多机会参与学校事务】

在学校和同事中，名师往往具有一定的威信力，那么，名师自然而然也会有更多机会参与学校事务的管理，如在评职称时，名师作为评委，或者在评优评先中作为投票人等。

学校成就名师，名师支撑学校。教师成为名师之后，在某种程度上，充当着"意见领袖"的角色，其参与、管理和决策学校事务的机会肯定会大大提高。特别是一些与教师切身利益相关的事情，如评优评先、职称评定、干部推荐、年度考核、督导评价、绩效分配等教师重大关切事务上，名师如果能够参与，就会对名师的领导力产生重要影响。所以，名师应积极参

---

[1] 李帅军、王永玉：《基础教育教师专业高质量发展路径的校本探究》，《河南师范大学学报（哲学社会科学版）》2022 年第 1 期。

与学校事务，发挥自身的影响力。

【访谈3-1-10　名师与领导共同商定决策】
　　在我们学校，不管是在班主任发展方面，还是在学科发展方面，甚至是一个年级要制定什么样的发展目标，要采取什么样的行动，负责领导会跟名师商量，商量完之后基本上就是按照和名师商量的决策去实施。

名师影响力达到一定程度后，除主动参与学校事务外，有时候还会被动参与学校事务。在这个角度上，名师充当着"智库"的角色，能够与领导共同商定决策。

3. 促进同伴专业发展

【访谈3-1-11　名师会潜移默化地促进同事专业发展】
　　我跟一个地理老师在一个办公室，我们会经常交流研讨，受我的影响，他形成跟我类似的教学习惯，不管多晚都要把第二天要上的课全部准备好再离校，这个过程本身就是他自我提升的过程。这种对他人潜移默化的影响就是一种领导力，慢慢地，也会有其他人慕名而来，找我交流。

"你若盛开，蝴蝶自来。"名师发挥领导力就是把一个人的优秀和卓越，变成一群人的优秀和卓越。名师首先影响的是自己的同事，因为与同事接触最多、了解最深。当同事能够在名师身上看到成功，且愿意追随的时候，"领导"就发生了。这也符合分布式领导的理论观点。分布式领导强调，领导就是领导者、追随者和情境之间的互动。

4. 领导团队共同体

【访谈3-1-12　带好团队才能真正体现出名师的领导力】
　　名师带领的不是一两个人，而是整个团队，这个团队要有活力、积极向上，让团队中的每一个人都愿意去学，这才能真正体现名师的领导力。有一年春节前，我们看了4天的江苏省中小学基本功大赛，春节前那么忙，上午、下午各看了3个小时，并且每个人把看到的细节和感悟以报告的形式图文并茂呈现出来。每个人都学到了很多东西，拓宽了视野。所以名师在进行指导的时候，对内容、方式都要进行科学的选择，用真正能触动教师、激发教师教育情怀的方式来进行。

"受社会建构主义的影响，成人学习开始由个体独立学习转向在共同体中合作学习，其方法是借助专家和同伴的经验，以他人为中介，在共同体组织中协作探讨共同关心的教学问题。"[1]可见，成人学习有自己的特点，能够从专家和同伴的做法、经验中汲取智慧，能够在共同体中就自己关心的问题进行交流和探讨。共同体是由一群志同道合者组成，"是以合作、对话、分享为途径，以志趣、爱好、愿景为纽带，以共享、共生、共长为目的的学习型组织"[2]。共同体是名师发挥领导力的重要载体。

【访谈 3-1-13　名师带领团队要学会授权】

名师要学会授权，不能事事亲为，要不然会很累，其他成员成长的速度也会降低。比如，在做课题的时候，我们会先研讨出一个提纲，接下来做的时候肯定要有分工，谁负责研究，谁负责理论总结，谁负责案例实施等。我们工作室，有6个团队，每个团队是一个小组，每个小组有12—14人。我把权力基本上都下放给各个组长，好多任务都是由组长具体落实实施。

名师通过授权能够使团队成员作出自己的选择，留出一定自主发展的空间，也能够使团队成员尽到自己的责任而参与团队的决策。授权其实就是领导者把自己的权力主动分享和让渡给追随者，扩大追随者的效能感和主动性，增强对共同体的归属感。

---

[1] 赵莉、李王伟、徐晓东：《个性化和持续性教师专业发展模式的构建与效果研究》，《中国电化教育》2021年第5期。

[2] 李帅军、王永玉：《基础教育教师专业高质量发展路径的校本探究》，《河南师范大学学报（哲学社会科学版）》2022年第1期。

5. 影响社会和专业领域

【访谈3-1-14　名师要成长为学科的领导者】

　　我是市里的兼职教研员，希望通过自己的努力能够带动区域教师的专业觉醒。这两年，随着美育政策的提出，音乐教育达到了一个前所未有的热度，在这个热度高涨、气氛高涨的大环境里，音乐教师不能无动于衷，不能辜负国家的期望，要担负起自身的使命，坚持在使命感的驱使下，慢慢成长为学科的领导者。

　　名师的"名"，一个重要的特征是有一定的知名度。这个知名度不能仅仅局限在学校内部或者一个较小的区域内，而是在自己的学科领域和更大的范围内有较高的知名度。当一个名师能够在自己的学科领域有较大话语权的时候，当能够为这个学科或某个领域带来改变的时候，他的影响力也会随之增加。在这方面，儒家经典《左传》中的话值得我们借鉴。《左传》中云：太上有立德，其次有立功，其次有立言，虽久不废，此之谓不朽。立德指道德操守，立功指业绩卓著，立言指著书立说。名师要影响社会和专业领域，也需要立德、立功和立言。

　　名师要领导什么？肯塔基教师领导模型可以给我们提供一些借鉴。2015年，美国肯塔基州教师领导工作小组对所承担的相关教师领导项目研究成果进行总结，并特别关注了在学校教育改革中教师领导者的具体实践作为，在梳理这些实践行为的基础上，提出了肯塔基教师领导模型。肯塔基教师领导模型主要解决的是教师领导者要做什么的问题（如图3-1-1）。该模型将教师领导者的行为描述为六个维度：教室内的领导，通过示范和指导进行领导，在教师小组和团队中进行领导，在提高教师的自主权和影响力方面发挥领导作用，领导专业化的教学，与外界更大范围的地区和领域建立更广阔的联系。

图中文字：
- 教师领导（中心）
- 领导 在教室内
- 领导 通过示范和指导
- 领导 小组和团队
- 领导 提高教师的自主权和影响力
- 领导 专业化的教学
- 领导 与外界更大范围的地区和领域建立更广阔的联系

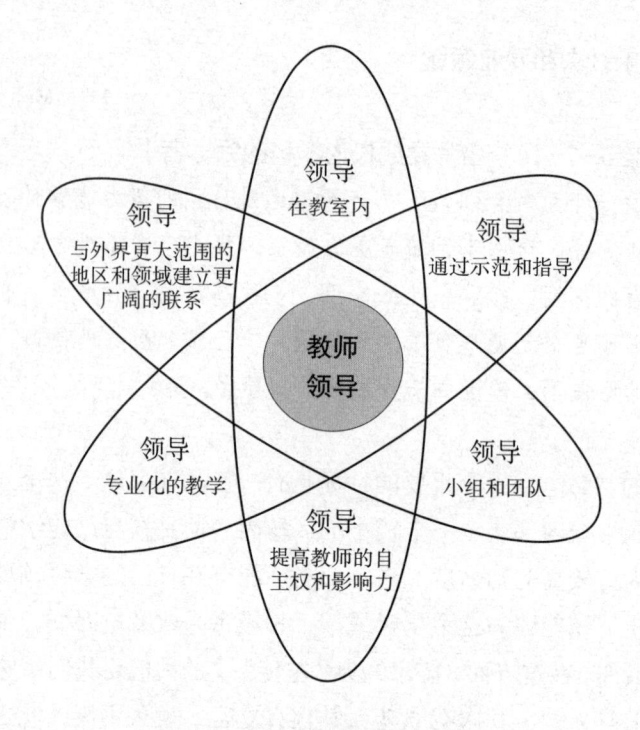

图 3-1-1　肯塔基教师领导模型

　　肯塔基教师领导模型表明，教师领导者除了在教室内的教学领导，还应该通过示范和指导影响同伴，积极参与学校内部政策的制定，提高教师的自主权和影响力，甚至在更大的地区与领域发挥引领作用。肯塔基教师领导模型也启示名师们，"有效的教师领导需要从一个实践领域扩展到多个领域，并通过每一个领域之间的相互作用产生更大的整体效应。对有效的教师领导实践的考察，需要从一个领域扩展到整体，帮助教师发展多元的角色和专业愿景，从而使教师领导者在更广泛的范围内发挥影响力"[1]。

---

[1] 范士红、熊梅：《美国三种主要教师领导模型的分析与借鉴》，《外国教育研究》2021 年第 5 期。

第二节 名师领导力的结构维度

在分析名师能"领导"吗、名师要"领导"谁以及名师要"领导"什么的基础上,我们还有必要构建一个名师领导力的结构维度框架。构建名师领导力结构维度框架,不仅可以明确名师在哪些方面进行着力,还能够为名师后续发展以及期望发展自身领导力的教师提供一个方向。

一、维度划分的依据

本研究对名师领导力结构维度的划分有三个依据,一是学者关于教师领导力结构维度划分的研究成果,二是对中小学名师进行问卷调查的分析,三是对访谈对象进行半结构访谈后所进行的归纳。其中,对中小学名师进行问卷调查的反思在之前已经阐述,在此不再赘述。

(一)学者的研究成果

国内外学者对教师领导力结构维度划分的研究成果,为本研究划分名师领导力结构维度提供了重要参考。

安德鲁(Andrew)认为,为提高教育质量、促进学校变革,教师领导要将教师置于变革的中心位置,教师领导与科层制的官僚式领导不同。教师可以在自我改进、同事改进、课程改革三个领域发挥领导作用。

哈里斯(Harris)和兰姆伯特(Lambert)经过实证研究后认为,教师领导者应具备个人能力、专业知识和技能、合作能力和变革能力等关键技能。[1]

贝伊乔格鲁（Beycioglu）和阿斯兰（Aslan）通过开发教师领导力量表（TLS）以及实证研究，将教师领导力的结构分为三个方面：专业提升、同事合作、制度改善等。

哈里斯认为，教师领导力主要包括四个维度：通过与同事的密切关系进行相互学习，学校改进目标在课堂上的落实，在学校发展中扮演沟通协商的角色，在变化和发展过程中担当参与式领导者的角色。

学者们对有关教师领导力结构维度的分析，为研究名师领导力的结构维度提供了借鉴。虽然他们的划分所呈现的结果具有一定的差异性，但我们可以大致看出主要围绕三个方面：自我成长与发展、课程与教学以及共同体建设。这三个方面主要涵盖个人、学校和社会三个维度。鉴于此，本研究结合中小学名师的特点，将名师领导力划分为三个维度，分别是自我领导力、教学领导力和团队领导力。这三个维度之间不是孤立的，而是有较强的联系性。其中，自我领导力是中小学名师领导力发展的前提，教学领导力是中小学名师领导力发展的基础，团队领导力是中小学名师领导力发展的抓手。三个方面共同发力，促进中小学名师领导力的发展和提升。

（二）对访谈结果的质性分析

本研究借鉴了扎根理论的研究路径。扎根理论是由美国学者巴尼·格拉泽（Barney Glaser）和安塞尔姆·施特劳斯（Anselm Strauss）在1967年出版的《扎根理论的发现》一书中首次提出的。扎根理论强调只有建立在真实生活经历和经验基础之上的理论才具有真正的生命力，扎根理论主张研究者应避免理论预设，而应从信息丰富的访谈资料入手，对资料进行缩减、转化和抽象，形成核心概念以及有关概念之间关系的范畴，从而建立起来自访谈对象真实社会生活，但可以应用于更广泛人群和社会的理论。[2]

---

[1] 阿尔玛·哈里斯、丹尼尔·缪伊斯：《教师领导力与学校发展》，许联、吴合文译，北京师范大学出版社，2007，第98页。

[2] 孙晓娥：《扎根理论在深度访谈研究中的实例探析》，《西安交通大学学报（社会科学版）》2011年第6期。

作为质性研究的一种常用方法，深度访谈是研究者为了解某一社群的生活经历、方式，探究特定社会现象的形成过程，以期找到解决该问题的方法，而与被调查者深入交谈的一种研究方法。本研究使用类属分析的方法来探讨中小学名师领导力结构维度。类属分析的主要分类策略是编码。编码是扎根理论的开始环节，是对资料进行整理的第一步。编码分类有的来自现有理论，有的是研究者在分析过程中通过归纳方式建立，还有的来自研究对象的概念架构。本研究主要采用第二种方式，即对访谈资料进行分析，在分析的基础上进行归纳。巴尼·格拉泽和安塞尔姆·施特劳斯将编码过程分为开放性编码、主轴性编码和选择性编码三级。

1. 开放性编码

开放性编码是在对原始资料进行分析的基础上，进行概念化和抽象，其目的在于提炼概念，属于一级编码。本研究对访谈资料文本进行逐句编码，并对编码进行分析、整合，合并类似项，删除重复项后得到31个初始编码。这些初始编码具有一定的抽象性，为便于理解这些概念，每个概念都有代表性的话语来解释。如表3-2-1所示。

表 3-2-1 开放性编码表

初始概念	原始资料语句
A1 清晰的自我感知	对于一层一层的名师培训，之前我一直觉得自己运气很好，但是真正和这些名师大咖站在一起时，我才感受到自己的差距。这个差距，促使我想要去提升自己
A2 恰当的自我定位	要清晰知道，自己处在一个什么样的位置，自己需要什么，以及未来要向什么样的方向去发展
A3 及时地反省总结	反思我做了什么，哪些地方做得好，为什么做得好，还有没有其他的方法去改进它，哪些地方做得不好，为什么做得不好，是因为什么原因造成我做得不好
A4 强烈的学习动机	我想学习，学不厌、学不烦、学不够，这样才能够不断地提升自己的专业能力
A5 明确的学习目标	我是一个目标性比较强的人，不管干什么，我都会在各个阶段制定目标

续表

初始概念	原始资料语句
A6 敏锐的情境理解力	对于教师来说，具有较高的情商那真是太重要啦
A7 富有创造性精神	教师要想培养学生的创造力，前提是自身要有创造力
A8 具有一定的前瞻力	名师要有敏锐的眼光，要有与时俱进的思维，要把握好方向
A9 拥有丰硕的成果	教师的攀升就是在积累，积累到一定程度后，逐渐就能脱颖而出
A10 强烈的情感信念	我经常会告诉自己，把教育作为自己的信仰，只有去热爱，才能让自己走得更远，走得更轻松
A11 完善的知识结构	名师不仅要精通本专业的知识，还要精通专业知识以外的文学、史学、哲学等相关学科知识
A12 精湛的教学技能	要想成为一个完美的教师领导者，让别人心服口服，那么最重要的一点是要有精湛的教学技能，取得好成绩
A13 突出的教学效果	如果学生知道你是一位名师，教学经验丰富，教学效果突出，他就会自觉地信服你，听你的
A14 良好的师生关系	我很喜欢学生，学生也喜欢我，见了我很高兴，下课了都不想让我走
A15 丰富的教学资源	为学生提供丰富的教学资源，为学生的发展提供适宜的教育环境，尊重学生的个性，使其健康成长
A16 科学的教学方式	课堂上，我采用发挥学生主体作用的合作式、探究式、项目式、自主式教学策略，让学生动起来
A17 恰当的教学评价	学生回答完问题之后，要及时进行点评反馈，提高学生的积极性
A18 敏感的问题意识	科研是普通教师成长为名师的通道，也是名师前行和带领普通教师的标配，没有科研就谈不上深度的教学研究
A19 持续地反思实践	先备课，接下来通过上课去实施、去执行，再集体教研和磨课，然后再去跟已经开展的教育进行对比修正，形成一个小小的闭环
A20 美好的发展愿景	名师作为一线教师，如果有自己的工作室，大家一块儿为了一件事情而奋斗的时候，肯定得有共同的愿景，也就是大家共同想把事情做好，这样组合在一起才有意义

续表

初始概念	原始资料语句
A21 共同的价值观念	创造团结协作的文化氛围,同事之间不是竞争关系,而是伙伴关系,大家能够拧成一股绳,发展肯定会比较快
A22 良好的人际关系	在现实工作中,我们会发现有些教师特别有号召力,哪怕他不是名师,为什么呢?因为他能较好地处理人际关系
A23 名师的领导授权	在我的工作室,我把权力基本上都下放给了各个组长,好多任务都是组长去具体落实实施
A24 团队的互助互评	我最早去讲课的时候,就是我同伴给我做了很多示范和引领,同时他们也把我的事情当作他们他们自己的事情
A25 经验的共享共生	好的经验一定要做到共享,把自己的经验和教训或者自己的一些理念共享给其他人
A26 参与外部的决策	在做好自己本学科专业的同时,要更多地参与到学校的其他工作当中去
A27 寻求资源的支持	没有校长等各方的支持,工作不会那么顺利开展
A28 开展集体的学习	春节前那么忙,我们还坚持看了4天的江苏省中小学基本功大赛,大家觉得收获满满
A29 扩大团队的基数	我们工作室的人很多,各具特长,我会根据他们的特点分组
A30 提高领导的技能	名师的管理能力非常重要,要根据不同老师的特点以及教学研究的需要对任务进行合理分工,对进度进行合理规划,对成果进行有效评估
A31 注重团队的创新	我们是摸着石头过河的,好在我们都比较有激情,一旦有好的创意,大家很愿意去做这些事

2. 主轴性编码

主轴性编码是二级编码,它的目的是分类、综合,理清各个概念间的关系。如强烈的情感信念、完善的知识结构、精湛的教学技能、突出的教学效果,都是关于教师自身教学方面的,因此把它们划为一个范畴,命名为专业素质过硬。依此类推,最终形成了自我认知力、终身学习力、变革创造力、专业素质过硬、尊重主体地位、强化研究能力、加强文化引领、领导权的共享、优化团队环境、注重能力建设10个主范畴。如表3-2-2所示。

表 3-2-2　主轴性编码表

主范畴	初始概念
B1 自我认知力	A1 清晰的自我感知、A2 恰当的自我定位、A3 及时地反省总结
B2 终身学习力	A4 强烈的学习动机、A5 明确的学习目标、A6 敏锐的情境理解力
B3 变革创造力	A7 富有创造性精神、A8 具有一定的前瞻力、A9 拥有丰硕的成果
B4 专业素质过硬	A10 强烈的情感信念、A11 完善的知识结构、A12 精湛的教学技能、A13 突出的教学效果
B5 尊重主体地位	A14 良好的师生关系、A15 丰富的教学资源、A16 科学的教学方式
B6 强化研究能力	A17 恰当的教学评价、A18 敏感的问题意识、A19 持续地反思实践
B7 加强文化引领	A20 美好的发展愿景、A21 共同的价值观念、A22 良好的人际关系
B8 领导权的共享	A23 名师的领导授权、A24 团队的互助互评、A25 经验的共享共生
B9 优化团队环境	A26 参与外部的决策、A27 寻求资源的支持、A28 开展集体的学习
B10 注重能力建设	A29 扩大团队的基数、A30 提高领导的技能、A31 注重团队的创新

3. 选择性编码

选择性编码是三级编码，它的目的是处理好范畴与范畴之间的关系，以验证类属之间的关系。在主轴性编码过程中，本研究形成了自我认知力、终身学习力、变革创造力、专业素质过硬、尊重主体地位、强化研究能力、加强文化引领、领导权的共享、优化团队环境、注重能力建设 10 个主范畴。在此基础上，还需要对它们进行整合和提炼，找出更具有概括性的核心范畴，并找出它们之间的逻辑关系。如自我认知力、终身学习力和变革创造力都属于自我方面的，因此凝练出的核心范畴就是自我成长力。专业素质过硬、尊重主体地位、强化研究能力都是关于教学方面的，因此凝练出的核心范畴就是教学领导力。加强文化引领、领导权的共享、优化团队环境、注重能力建设都是关于团队方面的，因此凝练出的核心范畴就是团队建构力。通过这样的凝练，最终形成3个核心范畴。如表3-2-3所示。

表 3-2-3　选择性编码表

核心范畴	主范畴	初始概念
自我成长力	自我认知力	清晰的自我感知
		恰当的自我定位
		及时地反省总结
	终身学习力	强烈的学习动机
		明确的学习目标
		敏锐的情境理解力
	变革创造力	富有创造性精神
		具有一定的前瞻力
		拥有丰硕的成果
教学领导力	专业素质过硬	强烈的情感信念
		完善的知识结构
		精湛的教学技能
		突出的教学效果
	尊重主体地位	良好的师生关系
		丰富的教学资源
		科学的教学方式
	强化研究能力	恰当的教学评价
		敏感的问题意识
		持续地反思实践

续表

核心范畴	主范畴	初始概念
团队建构力	加强文化引领	美好的发展愿景
		共同的价值观念
		良好的人际关系
	领导权的共享	名师的领导授权
		团队的互助互评
		经验的共享共生
	优化团队环境	参与外部的决策
		寻求资源的支持
		开展集体的学习
	注重能力建设	扩大团队的基数
		提高领导的技能
		注重团队的创新

二、结构维度的分析

本研究依据国内外学者关于教师领导力结构维度划分的研究成果、对中小学名师进行问卷调查的分析、对访谈对象进行半结构访谈所进行的归纳，将名师领导力的结构划分为自我成长力、教学领导力和团队建构力三个维度。

（一）自我成长力

名师是名师领导力发展的主体，其发展意愿、发展能力直接影响着发展效果。因此，自我成长力是名师领导力的前提条件。自我成长力就是名师能够正确地评估自己，不断挖掘自身的潜能，持续地提升自己的能力。

1. 自我认知力

（1）清晰的自我感知。自我感知是个体对自己存在的觉察，包括对自己的行为和心理状态的认知。"认识自我乃是哲学探究的最高目标——

这看来是众所公认的。"[1]认识自我是哲学家千百年来一直探究的终极命题，也是每个人最困惑的问题之一。自我认知是区别优秀的教育工作者和普通教育工作者的一个变量。[2]

（2）恰当的自我定位。每位教师，因成长环境、知识储备、性格特点、资源支持等内外环境的不同，其发展路径也存在着一定差异性。作为名师，要对自己有一个正确的定位，既要对自己的发展有恰当的自我定位，也要对自己作为一位名师有一个正确的定位，不能因为自己是名师而觉得高人一等，"成功是一道明亮但不刺眼的光芒"。

【访谈3-2-1 名师要根据自身条件进行恰当定位】

我是声乐专业的，要想有所成就，一方面是要求自己把歌唱好，要为实现自己的目标不断学习，不能有丝毫懈怠；另一方面在学术研究上，基于自己安静的性格特点，我也乐于安下心来、静下心来去进行一些学术研究。也正因为如此，我才有了一些小小的成果在地域推广。

（3）及时地反省总结。名师要能够"吾日三省吾身"。名师要眼中有亮光，心中有榜样，胸中有差距，手中有实践，脚下有行动。名师通过不断地反省总结，不断认识自我、提升自我，使自己臻于完美。

2. 终身学习力

（1）强烈的学习动机。"动机是激发和维持个体行为，并指向一定目标的内部状态。"[3]动机具有激发功能，能够激发名师的学习行为；动机具有维持功能，能保持名师学习的持久性；动机具有指向功能，激励名师实现学习目标。当预期的事情没有发生时，当个人或群体感到"饥渴"、受伤、失望或者其他"不能确认"的情况发生时，学习便会发生。名师只

---

[1] 恩斯特·卡西尔：《人论》，甘阳译，上海译文出版社，1985，第3页。
[2] 托德·威特克尔、杰弗里·佐尔、吉米·卡萨斯：《每一位教师都是领导者：重新定义教学领导力》，韩成财译，中国青年出版社，2019，第50页。
[3] 理查德·E.梅耶：《应用学习科学——心理学大师给教师的建议》，盛群力、丁旭、钟丽佳译，中国轻工业出版社，2016，第39页。

有具有强烈的学习动机,才能不断激励充实自我。反之,如果名师安于现状,不思进取,缺乏学习动机,那么其能力是得不到提升的。就像一个水杯一样,只有开口向上,才能够把水倒进去。如果一个教师的心灵是封闭的,缺乏学习动机,就相当于把水杯倒扣一样,是倒不进水的。所以,教师保持强烈的学习动机,对其终身学习和发展是大有裨益的。

【访谈 3-2-2　名师要不断地去学习,不断地充实自我】
每个人的能力有大小,但是我们一定要保持开放的心态,不断地去学习,不断地汲取新的知识,不断地充实自我,这样才能让自己不断地去进步,自己也不可能永远只停留在已有的那个阶段。

(2)明确的学习目标。学习具有一定的主观能动性和自觉选择性,应该是一种有目的、有意向的能动性活动。在一个特定时期内,每个教师的目标追求可能是不一致的,会有不同的着力点。在成为名师的过程中,应该根据不同的发展阶段确定不同的发展目标和学习目标。发展阶段不同,学习的目标、学习的内容、学习的方式也会有所不同。

【访谈 3-2-3　名师应有较强的目标性】
我是一个目标性比较强的人,不管干什么,都会在各个阶段制定目标,一毕业我要在 3 年内达到一个什么样的目标,10 年内达到一个什么样的目标,或者是这一年我要达到一个什么样的教学成绩,我要让我的学生达到一个什么样的水平,甚至这一星期我要完成一个什么样的任务,我觉得有目标行动力才会强。

(3)敏锐的情境理解力。名师要发挥领导力,必须要与人打交道,其合作、沟通、交流等能力尤其重要,这都是在各种各样的情境下进行的,名师应该具有阅读情境的能力。美国社会学家戈尔曼(Golemall)将情境理解称为"情商"。对名师来讲,能够理解情境,敏锐地回应他人情绪上、行为上、心理上的变化是其始终要学习的内容。

【访谈 3-2-4　情商对名师的发展很重要】

在老师的工作中，情商太重要啦。我们要与领导沟通，要与自己的团队沟通，要与外界沟通，在所有的沟通中，我们应知道别人是怎么想的，他需要的是什么，怎样做他才会更满意。如果我们说话说不到点上，那么沟通就是无效的，甚至适得其反。这也是我们需要活到老学到老的东西。

3. 变革创造力

（1）富有创造性精神。未来学家戈尔德·莱昂哈德（Gerd Leonhard）曾说，人类在未来20年的变化，将会超过之前300年的总和。可以肯定地说，世界唯一不变的东西，就是一直处于不断的变化之中。创意是富有创造精神的直接体现，西斯兄弟提出的成功表达创意的六大原则值得我们借鉴。这六大原则是简洁（simple）、意外（unexpected）、具体（concrete）、可信（credible）、情感（emotional）和故事（story），其首字母缩略词为"succes"。名师要富有创新精神，与时俱进，不断应对新形势、新变化、新挑战。

【访谈 3-2-5　名师要敢于挑战现状，大胆创新】

名师要敢于挑战现状，勇于对现存的问题进行大胆的改革。经过多年的教学，我们有着较为丰富的教学经验。但是越是有经验，越容易被一些固有的东西所束缚。走出这一步肯定是非常困难的，可能不被理解或者不被支持，但是应找准方向并坚定地做下去，即使有困难也要有这个勇气。

（2）具有一定的前瞻力。2016年，哈佛商学院教授约翰P. 科特（John P. Kotter）在《变革加速器》一书中写道，我们正在穿越一条边界，进入一个充满难以预测的混乱和指数级变化的世界，我们对此尚未做好准备。教育领域也不能幸免，同样面临着类似的状况，特别是站在百年未有之大变局的时代背景下，教育又被赋予了特别重要的意义。教育的变革、发展关系着国家、民族、家庭、个人等方方面面的利益。哈佛大学教授丹尼尔·吉尔伯特（Daniel Gilbert）说，人类大脑最伟大的功能就是能够想象那些超乎现实的对象和事情，这使得我们可以畅想未来。名师作为教师队伍中的"战斗机"，更应该具有敏锐的洞察力，锚定教育发展前沿问题，看清别人看不清的事物，解决别人解决不了的问题，勇敢地屹立在时代的潮头浪尖。

【访谈 3-2-6　名师要有前瞻力，把握好方向】
　　名师要具有前瞻性，就是说名师要有敏锐的眼光，要有与时俱进的思维，要把握好方向。名师在带领团队的时候要像行军打仗一样，保证方向、决策的正确，只有这样，后边所有的付出才会有价值。

（3）拥有丰硕的成果。通过提升变革创造力，名师定会拥有丰硕的成果。其实，名师的变革创造力和丰硕成果之间是相辅相成的，一方面，名师拥有变革创造力会使名师产出丰硕的成果；另一方面，丰硕的成果也能够助推名师变革创造力的提升。名师领导力的发展，具有一定的"滚雪球"效应，一个成果的获得又为另一个成果的获得奠定基础，这样不断"滚动"，慢慢形成名师的引领、辐射效应。

【访谈 3-2-7　名师的成长具有"滚雪球"效应】
　　我刚开始上班的时候，具有"初生牛犊不怕虎"的干劲，确实做出了一定的成绩。成绩多了，慢慢地一个累积的效应就出来了。教师的攀升就是在积累，积累到一定程度后，逐渐就能脱颖而出。

（二）教学领导力

教学领导力是名师运用专业权威，围绕教和学，引领其他教师追随，进而提高教学有效性，促进学生发展的能力。教学是教师的基本职能之一，是教师安身立命之本。因此，教学领导力是名师领导力的基础。一个在教学上没有领导力的教师，是不可能成为一位名师的。

1. 专业素质过硬

（1）强烈的情感信念。名师应具有强烈的专业情感，对本专业具有强烈的认同感，对搞好本专业具有强烈的责任感和使命感。

【访谈 3-2-8　名师要爱自己的专业】

每次上课的时候，跟学生一起歌唱，通过歌声和学生交流，看着学生眼中的光，我非常庆幸是一个音乐老师，庆幸我在高考的时候选择了音乐，感觉其他任何学科都不能带来这种幸福，当然这只是我的个人感受。我想，如果我教的是其他学科，应该也会特别地热爱、完全地热爱，我觉得这是教师应有的专业情感，这一点很重要。

（2）完善的知识结构。教师是专业技术人员，须具备相应的、完善的知识结构。教师应该具备什么样的知识结构，不同的学者有不同的认识。1987年，舒尔曼（Shulman）提出七种教师知识类型：学科内容知识、一般教学法知识、课程知识、学科教学法知识、学习者及其特征知识、教育环境知识、教育目的目标价值及其哲学和历史背景知识；艾尔贝兹（Elbaz）认为，教师实践性知识可以分为自我知识、教学环境知识、学科知识、课程发展知识、教学知识五类；斯腾伯格（Sternberg）认为，教师应具备内容知识、教学法知识和实践知识；帕特南（Putnan）认为，教师的专业知识主要包括学科知识及其信念、学科教学法知识及其信念和一般教学法知识及其信念三个方面；我国学者申继亮、辛涛认为，教师应具备本体性知识、实践性知识和条件性知识……虽然很多学者在具体的知识结构上有差异，但可以看到，一个教师应该拥有综合性知识。名师的知识结构越完善，越能够为名师的领导力提供丰厚的沃土。在基础教育阶段，新课标、新课程提倡综合性学习、跨学科学习的今天，对教师知识结构的要求是越来越高。

【访谈 3-2-9　名师必须具备专业知识、人文底蕴、科学精神】

专业知识、人文底蕴、科学精神，我觉得这是一个名师必须具备的。具备丰富的专业知识，这是名师立足的根本。作为名师，不管是文科的还是理科的，拥有丰厚的人文底蕴是非常关键的。一个不具备文底蕴的教师，一个不了解中国传统文化的教师，那么这个名师就得打一个问号了。除了前面两点，名师还要有严谨务实的科学精神。对自己所说的话和所做的事，要有一个科学的态度和一个明晰的逻辑。

（3）精湛的教学技能。教学技能指教师在教学过程中运用一定的专业知识和经验顺利完成某种教学任务的活动方式。[1]有关教师专业技能的研究也有着丰富的成果，如美国佛罗里达州在20世纪70年代就提出教师的1276项能力。名师应该具有精湛的教学技能，能够对教学进行合理的设计、恰当的实施以及正确的评价。

【访谈3-2-10 名师了解学生，能根据学情调整教学】

我一直在一线工作，一直没有离开学生，我觉得这是一个很大的优势，所以自己很清楚地知道学生究竟出现了什么样的问题。在我们的教学过程中，针对这些问题将一些理念或者一些政策更好地做到落实。

（4）突出的教学效果。教学的有效性是衡量名师教学领导力的"试金石"，是教学有效率、有效益和有效果的统一。突出的教学效果是教学有效率、有效益的体现，是强烈的情感信念、完善的知识结构、精湛的教学技能综合作用的结果。如果这个结果没有得到很好地呈现，名师的素质和能力是应该受到质疑的。在访谈中，名师也表达了类似的观点。

【访谈3-2-11 名师要在自己的专业领域立得住】

名师首先应在自己的专业领域立得住，在你从事的这个学科方面或专业领域做出一些表率性的东西。大家在学习工作中遇到问题或困难需要帮忙的时候，首先能够想到名师。

2. 尊重主体地位

（1）良好的师生关系。师生关系包括师生之间的人际关系和师生之间的工作关系。"亲其师，才能信其道。师生间的人际关系要求民主平等、尊重和谐。在良好的人际关系中，学生的主体地位得以彰显，积极性、主

---

[1] 教育部师范教育司：《教师专业化的理论与实践》，人民教育出版社，2001，第38页。

动性和创造性得以发挥；师生间的工作关系要求教学相长、共同生长。"[1] 良好的师生关系，是名师把学生放在第一位基础上的关系，要把学生放在心中。名师不仅要学会关心学生，还要让学生体会到老师的关心。

【访谈 3-2-12　名师要尊重学生】

现在的小孩可不简单，他知道你喜欢他，所以他也喜欢你。在师生关系上，要尊重学生，即使学生做出一些违反纪律的事情，但并不代表他有多坏。因为学生不完美，所以我们才存在。

【访谈 3-2-13　名师要尊重学生的发展规律】

有篇文章叫《牵着蜗牛去散步》，说的就是不要拿老师的想法去想学生，要尊重学生的发展，理解他们的想法，给他们试错的机会，要关注学生的个性特点。每个学生的成长环境不同、阅历不同，想法就不同，要理解学生，让学生感受到老师的共情，让学生信服老师，从而给学生正确的引导。

（2）丰富的教学资源。我国实行国家课程、地方课程和校本课程三级课程管理体制。在国家课程实施的前提下，学生对学习资源具有差异化要求，为满足学生的不同学习需要，名师要具有一定的课程开发能力，为学生配置合适的学习资源。丰富的教学资源不是教学资源的简单堆积，而是要围绕特定的主题，具有主题化；教学资源内部要有序，具有结构化；不同的主题有不同的教学资源，具有系列化；在资源提供、开发过程中，要有理论的指导，具有理论化。

【访谈 3-2-14　高效课堂需要丰富的教学资源】

除了教材，我还为学生提供了丰富的教学资源。如看电影学口语、练口音，听英语歌曲，阅读纯英文报纸等。我们把这些教学资源进行课程化开发，形成不同的主题，以便学生使用。

---

[1] 王永玉：《基于教学要素的听评课维度构建》，《中学政治教学参考》2021年第3期。

（3）科学的教学方式。在新的教学理念指导下，教师要转变思想，变"以教为中心"为"以学为中心"，强调以学定教、先学后教、多学少教。在教学过程中，要充分尊重学生的主体地位，针对学生的问题，采取合作式、探究式、项目式、自主式的教学方式，激发学生的创造性，促进学生核心素养的发展和关键能力的提升。

【访谈 3-2-15　利用学生参与度高的教学方式进行教学】

　　教学方式是实现教学目标的重要手段，应根据不同的课型，选择不同的教学方式。在我的课堂上，我会利用情景教学、小组合作、游戏等学生参与度高的教学方式进行教学，往往能收到较好的教学效果。

3. 强化研究能力

（1）恰当的教学评价。教学评价是教师通过多种方式评价学生学的状况，进而优化自身工作的方法。教师在教学过程中，要综合运用多种评价方式，既要进行过程性评价，又要进行终结性评价；既要进行增值性评价，又要进行激励性评价，不断发挥评价的牵引、导向、激励、诊断、反馈等作用。

【访谈 3-2-16　要对学生进行科学评价，发挥评价的"指挥棒"作用】

　　教学评价是教学的"指挥棒"，能对教学起到反馈、激励作用。在教学过程中，我认为对学生的评价要及时，方法要多样，真正发挥评价的作用。如我经常使用量化积分的方式，随时对学生进行评价，收到的效果就很好。

（2）敏感的问题意识。名师躬耕于课堂教学一线，在教育教学过程中能够发现很多"与众不同""百思不解"的"真问题"。名师要具有敏感的问题意识，把教学和科研结合起来，在教学过程中不断发现问题、解决问题。在发现问题和解决问题的过程中，名师必须走专业循证之路，把自己的研究建立在数据之上，通过数据搜集、数据分析、数据应用来佐证自己的研究和结论。研究通常是名师教学实践的一部分，而不是额外给名师增加的负担。在专业实践中自然会出现许多问题，行动研究所关注的正是这些在实践中呈现出的具体问题。在研究的基础上，名师可以通过论文的撰写、课题和成果的申报来深化和固化研究成果。

【访谈 3-2-17　名师要有问题意识，同时要增强科研能力】
科研是普通教师成长为名师的通道，也是名师前行和带领普通教师的标配，没有科研就谈不上深度的教学研究。名师要增强科研能力，需要有敏感的问题意识，能够在教育教学过程中发现问题。

（3）持续地反思实践。名师的工作实践应该是嵌入式的，应该是"实践、反思、再实践、再反思、再实践"的螺旋式循环。在这个循环过程中，通过实践来促进反思的发生、验证反思的效果，反过来，反思要促进实践的发展，要服务于名师的教学实践。

【访谈 3-2-18　名师成长的关键是学习、反思、实践】
自己是有很多不足的，我会认真对待每一次学习机会，通过学习弥补自己的不足。光学习是远远不够的，学习之后一定要反思，没有反思，那么仅仅是听过。所以我觉得成长的关键是去学习，去输入，然后把输入的东西加工成自己的东西，再去实践，去输出。实践完，再反思，反思完，再去修正自己的认识。

（三）团队建构力

团队建构力是名师运用人际交往和沟通技能，在专业实践过程中带动、促进共同体发展的能力。名师发展自身的领导力，要以自我成长力为前提，以教学领导力为基础，除此之外，还要不断辐射自身的影响力，这就需要抓手，这个抓手就是团队建构力。在当今这个万物互联的时代，仅靠单枪匹马、单打独斗是难以成功的，我们要凝聚集体智慧，发挥团队力量，连点成线，以点带面，通过共同体建设提升名师的领导力。

1. 加强文化引领

（1）美好的发展愿景。每个人都有梦想，都对自己的未来充满美好的遐想。"卓越的领导者高瞻远瞩，他们能够预见未来，看到即将到来的机会。他们认为伟大的目标是可能实现的，平凡中能孕育神奇。他们能够描述一个理想的、独特的、未来的共同愿景。"[1]当愿景被越来越多人接受的时候，就会给更多的人以激励，促使大家克服困难，一起走向未来。作为一名名师工作室主持人，笔者在名师工作室建设的过程中，就非常注重发展愿景的提炼和描述。根据河南省教师梯队攀升体系建设的规定，教师专业发展要遵循市级骨干教师—市级名师—省级骨干教师—省级名师—中原名师的发展路径。根据这一发展路径中的定位，笔者在建设中原名师工作室之初，就提出了自己工作室的发展愿景，即"特色鲜明、校内引领、区域著名、全国知名"。特色鲜明是指工作室定位，也是工作室独特的标识。笔者工作室的定位为"一主两翼"：以高中政治教育教学研究为主体，以大中小学思政一体化研究和促进教师领导力发展为两翼。作为河南省教师梯队攀升体系顶端所建设的工作室，做到校内引领和区域著名应该是理所当然，也是能够达到的。在此基础上，还要把自己的特色和品牌做好，在全国范围内也要有一定的知名度。这是中原名师工作室应该做的，也是必须要做的。工作室发展愿景提出后，不断引领和激励团队踔厉奋发。当我们取得一定成绩的时候，对照发展愿景，决不能沾沾自喜、故步自封，而应看到离发展愿景更进了一步，鼓励大家继续做好。

【访谈 3-2-19　名师要与团队共启愿景】

　　与团队共同设定成员的个人成长目标及团队目标，有了这样的方向，团队成员才有奔头、有方向，有调动自己积极性的一种愉悦感。

（2）共同的价值观念。"价值观是一个人行动的'底线'，它们指导行动。它们反映了你做事的优先顺序，决定你如何做出决策；它们告诉你什么时候说'不'，什么时候说'是'；它们帮助你解释你做出的选择

---

[1] 詹姆斯·M.库泽斯、巴里·Z.波斯纳：《领导力：如何在组织中成就卓越（第6版）》，徐中、沈小滨译，电子工业出版社，2018，第86页。

及其你为什么要这么做。"[1] "共同的价值观是建立高效的、真诚的工作关系的基础。"[2] 价值观虽然是无形的，但它作为一种意识，可以对一个人的行动产生导向作用，它能够使一个人做什么、不做什么。如果一个团队有着共同的价值观，那这个团队就会心往一处想、劲往一处使，促使团队不断跨越和发展；相反，如果一个团队没有共同的价值观，那么这个团队就不能形成有效的合力，有可能会分崩离析。

【访谈 3-2-20　工作室发展得好，与工作室倡导的价值观息息相关】

我们工作室倡导的价值观是"惠己达人"，既能提高自己也能够帮助别人。我们送教下乡，让农村的孩子受益，帮助青年教师成长，在这个过程中大家的自我价值得到了实现。并且，我们还向职前教育延伸，给大学里的师范生上课，提高他们的技能。我觉得工作室发展得好与我们倡导的价值观息息相关。

对该受访者的观点，笔者也感同身受。在工作室建设之初，笔者也提出了自己工作室的价值观：学思研行，共享共生。这一价值观既包括目的论，也包括方法论。工作室在本质上是一个学习共同体，在这一学习共同体内，所有参与者既是贡献者，也是受益者，只有共享才能共生。要实现共享共生的目标，离不开抓手，即学习、思考、研究和实践。在"学思研行，共享共生"价值观的指导下，工作室全体成员聚焦中心，围绕价值观开展读书学习、校本教研、同课异构、课题申报、论文撰写、送课下乡等活动，取得了良好的效果。

（3）良好的人际关系。人际关系是影响名师领导力发展的重要因素之一，在某些情况下，甚至影响名师的进一步发展。没有良好的人际关系，名师所倡导的发展愿景、价值观由于缺乏认同和追随，可能会得不到实施。良好人际关系的前提是尊重，建立良好人际关系的途径是沟通。教师沟通

---

[1] 詹姆斯·M.库泽斯、巴里·Z.波斯纳：《领导力：如何在组织中成就卓越（第6版）》，徐中、沈小滨译，电子工业出版社，2018，第45页。

[2] 詹姆斯·M.库泽斯、巴里·Z.波斯纳：《领导力：如何在组织中成就卓越（第6版）》，徐中、沈小滨译，电子工业出版社，2018，第52页。

的方式有很多，如手机、电子邮件、学校移动应用、微信和手写便签等。

【访谈 3-2-21　人际关系是影响名师领导力发展的一个关键因素】

名师的领导力是通过人际关系处理能力体现的。人际关系某种程度上是影响名师领导力发展的一个关键的、隐性的因素。在现实工作中我们会发现，有些教师特别有号召力，哪怕他不是名师，为什么呢？因为他能较好地处理人际关系，善于尊重他人，善于深入学生以及同事的内心，这就使得他具有较强的号召力和领导力。

2. 领导权的共享

（1）名师的领导授权。学校是知识密集型组织。此类组织需要发挥每位教师的作用，强调领导密度的稀释，因此非常适切分布式领导理论。这要求名师在学习共同体中能够有效地授权给共同体其他成员，让每一位成员都能发挥、实现自身的价值。在访谈中，名师们也都强调不能搞"一言堂"，要学会并善于授权，调动大家的积极性，发挥大家共同的作用，使共同体健康和谐发展。

【访谈 3-2-22　名师要学会授权，这样更能促进团队成长】

要学会授权。事事亲为，不仅自己很累，其他成员成长的速度也会降低。比如，在做课题的时候，我会在大局上对提纲做一个把握，接下来做的时候，肯定要有分工，谁负责实施研究，谁负责理论总结，谁负责案例实施等。成员怀着积极的心态去参与，也能够感受到自己跟团体是一起成长的。

（2）团队的互助互评。在一个学习共同体中，每位教师都有自己的专长和优势，共同体的发展需要每个成员献计献策，这就需要在学习共同体内部建立互相帮助、相互评价的机制。共同体成员能够相互尊重、相互信任、相互帮助，能够开放自己的课堂教学，悦纳别人的评价，并能够改进自己的教育教学。在这样的机制下，共同体内部能够加强交流、增进感情、相互促进，达到 1+1＞2 的良好效果。

【访谈 3-2-23　团队互助让教师更幸福】

作为一线老师，名师的专业就是名师的资源，用名师的专业去弥补其他老师专业的缺失，让其他老师能够有切实的提高。老师在做这些事情的过程中，能够切切实实体会到自我的改变和成长，幸福感会更高。一路走来虽然不容易，但是一路辛苦一路歌。

（3）经验的共享共生。名师所构建的学习共同体，其实是"以合作、对话、分享为途径，以志趣、爱好、愿景为纽带，以共享、共生、共长为目的的学习型组织"[1]。教师领导者的授权、团队成员间的互助，是为了使经验得以生长。在这个学习共同体中，大家能够学到东西，劳有所得，他们的教育教学和专业得到发展，那么这个学习共同体对他们来讲就有吸引力。

【访谈 3-2-24　做让别人认可的名师】

名师要懂得如何感染大家以及得到大家的认可。这个认可不光是对我们成长的认可和对我们行为的认可，更关键的是对我们情感的认可。只有对我们的情感认可以后，他们才能按照我们的方式和模式去做。

3. 优化团队环境

（1）参与外部的决策。名师能不能参与到共同体以外的决策，既是衡量名师领导力的重要维度，也是名师拓展资源、提升领导力的重要手段。由于名师参与了决策的制定，他们对决策及其用意会有更加深刻的理解，可以促进决策的顺利实施。名师参与的决策多了，其影响力、领导力也会随之提升。

【访谈 3-2-25　名师要积极参与学校事务】

名师既要参与学生管理、教学，还要多参与学校事务的管理，如

---

[1] 李帅军、王永玉：《基础教育教师专业高质量发展路径的校本探究》，《河南师范大学学报（哲学社会科学版）》2022 年第 1 期。

学校在评职称时，名师可作为评委，或者在评优评先中作为投票人等，在此过程中威信就建立起来了。

（2）寻求资源的支持。要构建有效的学习共同体，必须得到多方资源的有效支持。这些资源既包括校内资源，如同事的信任、领导的支持等，也包括教育行政部门、业务主管部门、相关教育学会、学生家长等机构和群体的支持。名师对社会资源的调动、配置、利用能力，对团队的发展有直接的影响作用。

【访谈 3-2-26　名师要能够获得社会的支持】
　　除了个人自身的努力，名师的发展还要获得社会的支持，特别是获得名师所在学校和地区的支持，而要获得这些支持，名师的沟通协调能力特别重要。

（3）开展集体的学习。开展集体学习应该建构一定的情境。格林诺（James G. Greeno）等提出将情境作为一个整合的框架，它能包容个人和社会两个范围的学习，行为主义的实践和认知主义的实践都可以包括在以情境原则为基础的实践中，情境原则注重学习者学会参与探究和意义形成。开展集体学习优于共同体成员独立学习。在集体学习中，每个成员能够相互学习、相互交流、相互碰撞、相互启发、相互促进，因此，开展形式多样、丰富多彩的集体学习能够弥补成员个体独立学习的不足。

【访谈 3-2-27　集体学习能够促进团队发展】
　　学校的教研制度和集体备课能够最大限度地挖掘集体智慧，发挥团队效应。因为每位老师的知识结构不同、看问题的角度不同，所以认知风格也有着很大的不同，通过集体学习，教师们能够取长补短、共同提高。

4. 注重能力建设
（1）扩大团队的基数。德国社会学家马克斯·韦伯（Max Weber）强调，只要是以社会行为取向为基础，使参与者主观感受到的（感情的或传统的）共同属于一个整体的社会关系，就应当称为共同体。[1] 名师要发挥团队的作用，前提是团队必须有足够的人。因此，名师应扩大团队的基数，让教师、学生、学生家长、社区、教育行政部门、大学、社会组织等都参与到团队中来。

【访谈 3-2-28　扩大团队人数，为活动开展提供人力保障】

我们的团队可以称为"一个人和一群人"。现在，钉钉群有500多人，微信群有313人。加入我们工作室的条件主要有两个，一是愿意干，二是能坚持。2020年7月25日，工作室开启了第一个项目——与河南教育电子音像出版社合作开展微课录制。5个版本，40本教材，126名教师，历时8个月，终于完成1200节微课录制。工作室的送课下乡活动一直在持续，仅2021年，工作室就为40所农村学校送课76节，短报告40场，送出学习用品500余套，书籍300余册，惠及教师800余人，受益学生5000多人次。

（2）提高领导的技能。提高名师和团队成员的领导技能，就是让名师和团队成员通过不断投身实践行使领导权力，促使他们掌握熟练的领导技能和技巧。

【访谈 3-2-29　名师要提升领导技能】

名师要提升领导技能，应善于团结、唤起周围有相同教育目标的人群。比如，大家的进取心很容易被唤起，但是进取心被唤起之后，能否长期踏踏实实地去做，这决定了一个人的成长可能性。名师要有能力让周围的人跟着你坚定地做下去，浅尝辄止或不了了之，是很可惜的。

---

[1] 安富海：《信息技术支持的城乡教师教学共同体构建研究》，《电化教育研究》2019年第7期。

（3）注重团队的创新。创新是共同体不断发展的动力。在共同体中，组织成员如果具有创新精神，就会表现出开拓进取的状态，就会不断探索、不断创新，提高自身的整体能力，更好地促进团队的发展。

【访谈 3-2-30　一个团队必须有自己的创新内容】

我们团队主要从五个方面进行创新：一是打卡磨炼基本功，坚持口语打卡活动。二是微课录制节节精，先后录制近 2000 节微课。三是庆祝建党百年，百节好课送温情。四是与郑州师范学院牵手，传递美好同前行。五是不断提升素质，共读好书涤心灵。

第三节 名师领导力构成维度的模型构建

通过中小学名师的"名师之眼"和"名师之言",我们对名师领导力的结构维度有了一个更加清晰的认识。在此基础上,对名师领导力的结构维度进行理论模型建构就显得更加重要了。对名师领导力构成维度模型进行建构,一方面可以系统总结名师领导力构成维度的研究成果,进一步明晰名师领导力的构成结构,另一方面可以为学校、专业机构培养领导力以及为名师自身发展领导力提供指导。

一、名师领导力构成维度模型的基本假设

教师领导力模型的设计是基于对教师领导力本质的基本假设和判断,是对教师领导力进行系统思考、开发和研制的过程。[1]要对名师领导力构成维度进行模型建构,在前述基础上,需要对名师领导力进行基本假设,并作出基本判断。

第一,名师具有领导力,其领导力不是建构在科层权威上,而是主要建构在魅力型权威、专业权威和道德权威上,表现出来的是一种参照权力和专家权力。

第二,从名师的角色来看,名师既可以承担一定的行政事务,占据科层体制内的某一职位,也可以不承担行政事务,仅仅是学校里的一名教师。不管其职位或职务,只要名师能够积极发挥自身的引领、示范作用,不断

---

[1] 孙杰:《教师领导力的三维模型设计:构念形成、内涵特征与模型构建》,《教育学报》2021年第6期。

增强自身的影响力,那么,名师就在发挥自身的领导力。

第三,从名师的意愿来看,名师要发挥领导力,其自身的领导意愿和领导能力是基础。如果名师没有承担责任的意愿和能力,不愿意行使领导行为,其领导力也是微小的,甚至是没有领导力的。名师只有具有承担责任的意愿和能力,积极行使领导行为,才能够促使领导力发生。

第四,从名师发挥领导力的过程来看,名师要发挥领导力,必须在一定的情境下,具有一定的情境创设、情境理解、情境运用能力。名师发挥领导力,离不开特定的情境。与此同时,名师领导力的发挥受校长、同事、文化等各种因素的影响和制约,名师要使领导力得以发生,必须重视自身的人际关系,通过沟通、合作、协调、共情、同理等方式营造良好的关系。

第五,从名师发挥领导力的结果来看,名师领导力本质上是一种影响力,是基于一定结果的,对他人和组织确实产生了一定的影响,促使他人和组织发生了或大或小的变化,就是在发挥领导力。

二、名师领导力构成维度模型的系统设计

本研究将名师领导力结构维度划分为自我成长力、教学领导力和团队建构力,合作共享渗透其中。划分依据有三个:一是国内外学者关于教师领导力结构维度划分的研究成果,二是对中小学名师进行问卷调查的分析,三是对访谈对象进行半结构访谈所进行的归纳。自我成长力、教学领导力和团队建构力,分别围绕个体、学校和社会三个层面,建构的维度模型如图 3-3-1 所示。

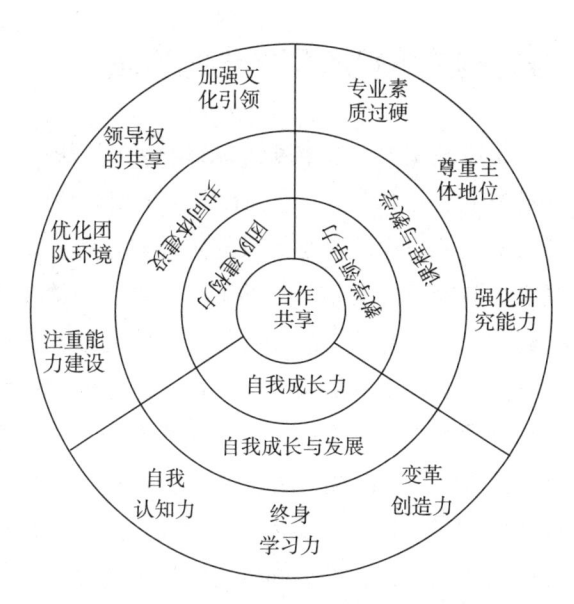

图 3-3-1　名师领导力构成维度模型

名师领导力主要体现在追求自我成长与发展的"自我成长力"、聚焦课程与教学的"教学领导力"以及关注共同体建设的"团队建构力"三个方面。中小学名师之所以能够成为名师，其素质应该是全面的。在访谈的过程中，受访者也提出了很多重要的能力和维度，如对学生的管理能力、参与学校决策的能力、课程选择与开发能力等。这些能力确实非常重要，但这些能力有的可以合并到其他能力维度之中，如参与学校决策的能力就可以归纳到优化团队环境中。有的能力可能不具有普适性，如课程选择与开发能力，在我国现有的政策体系下，有些学科没有机会选择课程，正如学者陈莉所言，我国学校采用科层管理体制，并没有将课程决策和开发权等交到教师的手里。[1] 通过调研、问卷和资料查阅，把名师领导力划分为自我成长力、教学领导力和团队建构力是能够较好呈现名师领导力现状的。因此，基于个人、学校、社会三个方面，本研究将名师追求自我成长与发展的"自我成长力"、聚焦课程与教学的"教学领导力"以及关注共同体建设的"团队建构力"，视为名师领导力的关键能力。

---

[1]　陈莉：《教师课程领导力发展的困境与突破》，《教学与管理》2019 年第 5 期。

三、名师领导力构成维度模型的结构逻辑

在名师领导力维度模型中，各维度间有着内在的逻辑关系。

首先，通过对中小学名师进行问卷调查以及半结构性访谈，不难发现，名师要发展领导力最大的阻碍因素是关系的协调与处理。名师要协调的关系有与自身的关系、与同事的关系、与学生的关系、与学校的关系、与家长的关系、与家庭的关系、与社会的关系等，这些关系隐含在名师发展的各个阶段、各个方面。名师要发展领导力，提高自身的合作共享能力至关重要。因此，名师领导力构成维度模型以合作共享为中心，将合作共享蕴含在自我成长力、教学领导力以及团队建构力之中。

其次，名师领导力三个维度之间也有着内在的逻辑。自我成长力主要关注名师的自我成长与发展，这是名师具有领导力的前提。教学领导力主要关注名师的课程建设和教学，这是成为名师的基础。在此基础之上，名师还需要进行学习共同体的建设，以团队建构力为抓手，发展领导力。自我成长力、教学领导力和团队建构力共同作用，不断促使名师领导力的提升。当然，这三个维度的划分并不是泾渭分明的，它们也会有交叉重叠的地方，之所以这样划分，主要是为了使关键能力更加明晰。

最后，模型的外围体现着名师领导力三个维度下的行为表现。从名师个体角度，要促进自身的成长与发展，这就需要名师对自己有一个恰当的自我定位，而恰当的自我定位又离不开清晰的自我感知以及自身的反省总结；在自我认知的基础上，名师还要具有终身学习能力，通过强烈的学习动机、明确的学习目标、敏锐的情境理解力不断提高自身素质；名师要成长，需要有成果，而成果的取得离不开名师的变革创造力，这就要求名师要具有一定的前瞻力，找到事物发展的正确方向，并义无反顾地投身于其中。在学校层面，名师首先是一名教师，教学领导力是名师安身立命之本，这就要求名师具有强烈的情感信念、完善的知识结构、丰富的教学经验、精湛的教学技能、突出的教学效果；教学要以学生为中心、尊重学生的主体地位，名师要形成民主、平等、和谐的师生关系，为学生创造丰富的教学资源，在教学过程中采用项目式、探究式、合作式、小组式教学方式，灵活运用恰当的教学策略，充分调动学生的积极性；发挥评价的"指挥棒"

作用，通过过程性评价、终结性评价、增值性评价、激励性评价、表现性评价，不断改善教育教学效果。名师要把教学与研究结合起来，树立问题意识，及时发现教育教学过程中的问题，并对问题进行反思、研究，通过课题申报、论文撰写等方式强化研究能力。在社会层面，学校是开放性社会系统中的重要部分，作为学校一员的名师，更是开放性社会系统中的一分子。这要求名师以共同体为抓手，发挥名师的引领、辐射和带动作用。名师首先要扩大共同体的基数，把一切可能之人都纳入共同体的范畴，然后赋予团队美好的发展愿景和共同的价值观，通过领导权的共享来调动团队的积极性，通过优化团队环境，使团队更好发挥作用。

第四章

中小学名师领导力发展的影响机制及其特点

第四章　中小学名师领导力发展的影响机制及其特点

　　在通过中小学"名师之眼"和"名师之言"，了解中小学名师领导力的发展状况及构成结构之后，进一步探究名师领导力发展的影响机制，总结名师领导力发展的特点是一个非常重要的问题。为探究中小学名师领导力发展的影响机制，本章以活动理论为支撑，作出如下安排：首先，基于活动理论的视角，全面分析中小学名师领导力发展的影响要素，探究中小学名师领导力发展的影响机制；其次，在论述中小学名师领导力维度构成、中小学名师领导力发展影响机制的基础上，总结中小学名师领导力发展的特点，探寻中小学名师群体的独特气质。

第一节　名师领导力发展的影响机制

　　基于活动理论，活动系统由主体、客体、共同体、规则、分工和中介六个要素构成。名师领导力的发展过程受这六个因素的影响。名师领导力发展的影响机制，其实是名师在一定的活动情境下，遵循一定的规则和分工，借助中介支持，通过共同体之间的协作，促进名师领导力提升的过程。也就是说，活动系统的六个要素相互影响、相互制约，共同作用于名师领导力的发展。

一、主体因素

　　主体是活动中的个人或小组，在活动中处于中心地位，是活动系统最基本的要素。活动理论认为，活动是主体为了实现一定的目标而进行的，具有目的性和能动性。名师是名师领导力发展的主体，其发展意愿和发展能力直接影响领导力发展的过程和结果。

（一）自我发展意愿

自我发展意愿是名师为提升和发展自身领导力而做出的有意选择和行为。自我发展意愿可以通过两种方式来实现，一种方式是选择，是名师主动选择发展目标并积极投身实践，如有的名师在发展的过程中，不断锚定新的发展目标而采取相应的行动和措施。另一种方式是补偿，是名师通过调整自身的行为来弥补发展过程中存在的不足，如有的名师在发展的过程中，发现自身的理论水平和理论素养欠缺，为弥补这一短板而阅读大量文献和书籍。名师如果具有强烈的自我发展意愿，就会为实现特定目标积极促进自身的发展，还会通过自己的实际行动影响他人，带动他人一起发展，促进领导力的提升。反之，如果教师在发展的过程中缺乏自我发展意愿，就会安于现状、停滞不前，这肯定会影响其教育教学质量、教育教学创新和教育教学效果，不能更好地影响和带动他人，其领导力的发展也无从谈起。

【访谈 4-1-1　名师要有发展的意愿】

名师，不仅要自己做得好，还要乐于去帮助别人，愿意让大家都好。如果他不愿意，再好的资源放到面前，他也会置之不理，或者说就看不见。名师要有博大的胸怀，要有宏观意识，"一花独放不是春，百花齐放春满园"，带领一批人往前走，精神上是愉悦的，就像教学生一样，教出一批好学生，会很有满足感和幸福感。

（二）自我发展基础

自我发展基础是名师为提升和发展自身领导力所具有的专业知识、关键能力和必备品格。作为优秀教师的代表，名师应该具备教育知识、学科知识、学科教学知识、通识性知识等专业知识，应该具备教学设计、教学实施、活动组织、教育教学评价等关键能力，更应该具备良好的职业道德修养和个人修养，正确的专业理念和职业理解，科学的学生观念和教育理念等必备品格。这个自我发展的基础，不仅仅指学科专业上的基础，还应具有受人尊敬的品质。库泽斯（Kouzes）和波斯纳（Posner）对全球 10 多万人进行了 30 多年的调查，发现人们所看重的领导者最重要的品质是稳定的，排在前 20 位的依次是诚实的、有胜任力的、能激发人的、有前瞻性的、聪明的、心胸宽广的、可靠的、能支持别人的、公平的、坦率的、合作的、有雄心的、关心别人的、有主见的、勇敢的、忠诚的、有想象力的、成熟的、有自制力的、独立的。名师自我发展的基础越深厚，其发展的潜力会越大，发展的速度会越快。

【访谈 4-1-2 名师要成为"六边形战士"】

名师的专业能力应该是多方面的，且应该是比较突出的，名师要成为一个"六边形战士"。从个人专业能力方面讲，不仅要能做好，还要能说好，能写出来，做到说可能还不是那么难，但是做到从说到写，我个人深切体会到了这个跨越是多么难。所以名师要提高自己的专业能力。

二、客体因素

列昂捷夫认为，活动的基本特征就是它的对象性，是有目标导向的，只有当个体努力追逐明确的目标时，才能被视作"活动"。[1]客体是主体活动追求的对象，这个对象有可能是物质产品，也有可能是精神产品。面向客体的思想是活动理论的一个重要思想。在名师领导力发展系统中，名师活动的客体是名师的领导力，这一客体最终还要转化为名师领导力的发展和提升这一结果。活动的对象表现为两重性，一是作为主体改造的对象本身而独立于主体存在；二是作为主体对活动对象的心理反映的图式存在，且这种反映只有通过活动才能实现。[2]因此，客体指向的明确性和客体呈现的清晰性，是客体影响名师领导力发展的重要因素。

（一）客体指向的明确性

活动理论具有客体导向，客体既是活动的具体指向，也是活动的追求

---

[1][2] 阿·尼·列昂捷夫：《活动 意识 个性》，李沂等译，上海译文出版社，1983，第 53 页。

对象。有没有明确的客体，直接影响着主体活动的意识，也影响着共同体的建构、分工的形成以及规则与制度。如果活动没有指向明确的客体，就会使活动缺乏目标和方向，活动就会像无头苍蝇一样到处乱撞，活动效果肯定也会大打折扣；相反，如果活动具有明确的客体指向，具有明晰的活动对象，客体深入人心，就能够激发活动主体的动机和责任感，促使主体朝着客体不断努力，直到实现相应的目标。把自身的领导力的提升作为名师活动追求的对象，并不意味着名师是"精致的利己主义者"，而是在名师领导力发展系统中，名师之所以要培育自身的领导力，是因为只有培育和发展了领导力，才能更好地促进学生的发展和学校的变革，两者并不矛盾。

【访谈 4-1-3　团队要有明确的愿景】

　　名师作为团队的领导，要明确团队的正确价值取向，带领团队做什么，要达到什么高度，要有一个共同愿景。当大家有共同的愿景时，内驱力会更强，效果会更好。

（二）客体呈现的清晰性

如果说客体指向的明确性解决的是有没有客体的问题，那么，客体呈现的清晰性解决的就是客体的呈现方式问题。客体呈现得越清晰，越有利于活动的顺利开展，越有利于激励活动参与者，越能够凝聚活动参与者的智慧。领导力的本质是影响力。当名师的影响力越来越大的时候，对身边的文化、学校、教师、学生改变越来越多的时候，当名师的显性成果越来越多的时候，当名师的领导力能够使共同体得到共享的时候，其呈现方式就会愈加清晰，也愈加使活动参与者发现其意义和重要性，愈加有利于提升名师的领导力。

【访谈 4-1-4　名师的目标要清晰，并不断调整】

　　在生活和工作中，我会制定目标，既包括自己的一些日常规划，又包括自己的成长目标和长期规划，然后不断去实施，并在实施的过程中不断调整自己的目标。在这个过程中随着不断地学习、不断地读书、不断地接触更优秀的人，会不断地调整，然后也在不断地实现着自己的小目标。

三、共同体因素

活动理论中的共同体主要是指共享同一客体的多个成员组成的集体。[1]本研究的客体为名师领导力，名师的领导力在教学、教研和育人中得到充分彰显。名师可以围绕教学、教研和育人与不同的参与者结合成为不同的共同体。如在教学工作中，可以结合成由名师—学生—其他教师共同组成的教学共同体；在教研工作中，可以结合成由名师—工作室—教研部门—高校共同组成的教研共同体；在育人工作中，可以结合成由名师—学校—家庭—社会共同组成的协同育人共同体。

（一）教学共同体

教学是学校的中心工作，是贯彻党的教育方针、落实立德树人根本任务的主渠道、主阵地，也是名师领导力发展的重要基础。在访谈中，很多名师都提到，没有高质量教学的名师不是真正的名师，也是不被大家所尊重的名师。之所以能够成为名师，首先在教学上必须是顶呱呱的，业务素质和能力是过硬的，这样的名师才是真正的名师。

学生是学习的主体，是学习的主人。在教学共同体中，名师作用的对象是学生，是为学生的学习服务的。在此过程中，名师要充分尊重学生的学习规律和成长规律，充分了解学情，以学生的学习为中心，先学后教、以学定教、少教多学，转变教学方式，在教学中注重运用启发式、探究式、合作式、项目式等学习方式，切实提高育人质量，使学生具备未来学习和生活的必备品格、关键能力，为学生一生的幸福打下坚实的基础，为培养德智体美劳"五育"融合的时代新人做出贡献。达到这样的目标，在学校里，围绕教学工作，要重点依靠三支团队力量：一是以备课组长为核心的教学

---

[1] 窦荣军：《干部院校教师专业发展的情境与机制研究——基于文化—历史活动理论》，博士学位论文，华东师范大学，2020，第56页。

团队,二是以班主任为核心的班级管理团队,三是以课代表为核心的学生自治管理团队。

【访谈 4-1-5　教学共同体要共建共享】
　　我们的教学资源都是共享的,譬如我现在手里拿到的就是上一届的资料包。每年 6 月份学生一毕业,上一届老师会将课件、教案、试卷等资源打包存放在 U 盘交到下一届老师手里,我在使用的时候会借鉴和修改,等到我这一届用完以后,会传递给下一届。同伴既是给予者,同时也是受惠者,在同伴之间的关系处理上要做到真正的共享,包括我们在听课的时候,能够直接地、直中要害地提出自己的看法。名师带领的团队像冰山一样,可能只是名师露出水面了,但是在水面之下,是一个群体在共同支撑,并且是一个牢牢团结在一起的群体。

(二)教研共同体

2019 年印发的《教育部关于加强和改进新时代基础教育教研工作的意见》指出,教研工作是保障基础教育质量的重要支撑。教研工作在推进课程改革、指导教学实践、促进教师发展、服务教育决策等方面,发挥了十分重要的作用。教研工作是名师领导力发展中的"加油站",但在对名师访谈的过程中,发现教研共同体的构建存在一些问题,主要表现在以下几个方面。

关键环节研究不充分。进入新时代以来,我国先后出台了有关"五育"并举、"双减"工作、"五项管理"、评价制度改革、课程标准等系列文件,对我国基础教育教学产生较大影响。与此相适应的是,需要加强对新课标、新教材、新教学、新评价等育人关键环节的研究,需要加强重点问题的研究,需要加强教育内容、教育方法、教育策略、教育机制等方面的研究,以名师为领导的共同体可以加强相关研究,早日找到解决办法,积极回答时代之问。

教研工作方式不科学。长期以来,我国基础教育采用集体备课、同课异构、师徒结对、教学展示、现场指导等教研方式,具有一定的针对性和有效性,但也存在封闭性、常规性等不足,缺乏教研的深度、高度和全面性。随着信息技术的发展，科技赋能教研已经成为新常态和新趋势。在"互联网+"背景下，网络教研、区域教研、主题教研、项目研究等新的教研工作方式不断涌现，已经成为教研工作的有益补充。名师要能够引领时代潮流，积极拥抱新事物，借助信息技术的优势，促进教研工作转型，为名师领导力的提升插上腾飞的翅膀。

教研队伍建设不健全。以名师为中心，学校一般都建立了校本教研制度，开展经常性的教研活动，以优化作业设计、改进教学方法、解决教学问题。但教研仅靠名师的力量是远远不够的，教研队伍建设应该由个体走向社群、由封闭走向开放，依靠国家、省、市、县、校五级教研机构，发挥教研员、高等院校、科研院所、电化教育等的积极作用，进一步健全教研队伍建设。特别是在课题研究、教育思想凝练、课程标准把握、论文撰写等方面，名师要积极主动与高等院校、科研院所合作，寻求支持和帮助。

教研条件保障不到位。一方面表现在对教研工作的不重视，很多教师还存在着经验主义、本本主义的倾向，在教研工作中存在应付、走过场等现象。另一方面表现在经费投入不足，硬件设施保障不力，基本的教学设施和研究经费存在不足。

这些问题已经得到了重视，并尽可能妥善解决。2023年9月22日，十四届全国政协第十次双周协商座谈会上，围绕"中小学教研体系建设"协商议政。提出要聚焦中小学教研体系建设中的重点和难点问题开展协商议政，助推中小学教研工作更好落实立德树人根本任务，助推中小学教研质量不断提升，助推中小学教研工作改革不断深化，助推建设高素质专业化的中小学教研队伍，助推完善中小学教研保障机制。

【访谈4-1-6　名师教研要发挥共同体的作用】

　　2021年申报课题时，我们从1月份就开始弄，到4月份才弄好。我们6个人，因为都是一线老师，白天都有课，所以每天晚上6点开始加班，一直到11点多，一个字一个字去思考和打磨，后来我们成功立项。虽然一路走来不容易，但是一路辛苦一路歌。

(三)育人共同体

"培养什么人、怎样培养人、为谁培养人"是教育的根本问题,立德树人是教育的根本任务,说到底,教育问题的本质是培养人的问题。名师要树立"三全育人"(全员育人、全程育人、全方位育人)工作理念,积极发挥家庭、学校和社会的协同育人功能。

加强家庭教育指导。名师要发挥自身的领导力,引导家长注重家庭、注重家教、注重家风,及时了解和反馈学生的思想状况和行为表现,帮助家长提高家教水平。为发挥社会共育价值,名师还要利用自身的社会影响,充分利用社会资源,搭建社会育人平台,助力学生健康成长。

【访谈 4-1-7 名师要多与家长联系,多家访】

与家长沟通首先要肯定孩子,努力找出这个孩子的闪光点,然后再谈哪方面能够有所进步、有所克服,照着这个思路去说会更好。对老师来说,我们要理解家长望子成龙的心理,给他们举身边实实在在的事例,让他们看到孩子的成长和希望,他们会备受鼓舞,也就会更支持老师的教学工作。让家长感受到老师和学校对孩子的爱和重视,多联系、多沟通,有条件的话多去家访,这样家长会更受鼓励,也就会更加配合老师的工作。

四、中介因素

中介是指客体转化为结果的过程中所有用到的事物,是主体和客体的中介。在纳迪(Nardi)看来,不理解日常生活中人工制品的作用,特别是人工制品介入社会实践的方式,就无法理解活动。在活动理论中,中介架起了主体和客体沟通的桥梁。在对中小学名师的访谈中,发现专业阅读与研究、参与培训项目、名师工作室建设以及求学深造等工具在名师领导力发展的过程中发挥着重要作用。这些工具因素,有的是客体转化为结果的显性工具,有的是客体转化为结果的隐性工具。

（一）专业阅读与研究

名师要发展领导力，离不开专业阅读与研究。名师的阅读，不能仅仅局限于一般的爱读书，而应该是专业阅读，即阅读专业书籍、专业报刊、专业文献，只有这样才能把握学科的前沿问题，才能引领学科的发展，才能影响更多的人。在专业阅读的基础上，名师还要进行专业研究，通过课题申报、论文撰写、成果申报，把自己的所思所想呈现出来、发表出来、推广出去。在访谈中，还发现作为专业研究的成果之一，教师所作的优质课在教师专业发展中占据着重要的位置，很多名师能够成名，可以说是通过赛课赛出来的。与此同时，优质课在中小学职称评定的业绩条件中，也是必不可少的一项，是职称评定的必要条件。可以说，作为专业阅读与研究的成果，课题、论文、优质课是教师专业发展中必不可少的"三驾马车"，也是名师领导力提升的重要工具。

【访谈 4-1-8　名师要具有学习力】

　　普通教师成长为名师，名师成长为有领导力的名师，都要在自己的学科领域不断学习。在我看来，由于教师所承担的是一种通识性教育，所以教师自身要成为通识性老师，不仅要精通本专业知识，还要精通本专业知识以外的文学、史学、哲学等相关的学科知识。要想培养全面发展的人，就必须拥有高质量的师资、全面发展的教师，所以说教师自身的学习力是前提。

（二）参与培训项目

我国的教师专业发展具有明显的行政主导色彩。一般来说，教育行政部门授予教师专业发展所需要的各种荣誉称号，如骨干教师、名师等称谓是由教育行政部门认定并授予的。教师专业发展过程中名目繁多的培训、工程往往由教育行政部门或教研部门组织。只有参与到这些培训和工程之中，教师的专业发展才算步入正轨。否则，教师基本上与更高层次的专业发展无缘。[1]基于此，能够参加各级各类培训项目，不仅可以增长教师的

---

[1] 李帅军、王永玉：《基础教育教师专业高质量发展路径的校本探究》，《河南师范大学学报（哲学社会科学版）》2022年第1期。

见识、开阔教师的视野，还能够拿到专业快速发展的入场券，甚至是名师遴选的敲门砖，在名师领导力发展的过程中不可或缺。

【访谈 4-1-9　参与培训项目带给我全新的世界】

评上市级名师是在我上班的第十年，刚满 30 岁，属于年龄比较小的。反观周围的名师，他们可能来自名校，自身都带有一些傲娇色彩。与他们接触后，我进入一个全新的世界，周围老师的优秀，也在促使我不断成长，在专业方面，去读一些书或者去做一些提升专业能力的事情。

（三）名师工作室建设

名师工作室是名师彰显领导力、发展和提升领导力的主阵地。在名师工作室建设过程中，名师能够实践自己的教育思想和教育主张，能够增强自己的协调能力和沟通能力，能够提升自己的管理水平和管理能力。通过建设名师工作室，名师可以聚集志同道合的同事在共同价值观的引领下为了共同的目标而奋斗，做一些自己一个人做不了、做不成、做不好的事。在访谈中了解到，很多名师借助名师工作室的力量产出了丰硕的科研成果，有的名师借助名师工作室的力量开发了校本教材，有的名师通过名师工作室的力量开展送教下乡、同课异构、网络教研、教育帮扶等活动，进一步发挥了名师的示范带动作用。

在名师工作室建设的实践中，笔者认为，名师工作室要建设好，以下七个方面要明确、清晰：一是工作室的发展理念，解决的是价值观问题；二是工作室的发展定位，解决的是工作室要做什么的问题；三是工作室的发展愿景，解决的是工作室发展目标的问题；四是工作室的发展路径，解决的是工作室要怎么做的问题；五是工作室的工作制度，解决的是工作室发展保障的问题；六是工作室的文化标识，解决的是工作室的外显标志问题；七是工作室的导师阵容，解决的是工作室智力支持的问题。

【访谈 4-1-10　名师一定要建好自己的工作室】

名师，一定要组建团队，哪怕是一两个人的团队，要先把它组建起来，有一个好的团队才能走得更远。另外，还可以成立名师联盟，把相关的名师工作室都联合起来，建立一个专业的学习共同体，搭建一个更大的学习成长平台。

（四）求学深造

求学深造一方面反映了名师具有主动学习的意愿和能力，另一方面也契合终身学习的理念，同时也与国家的相关政策相符合，更重要的是它能为名师提升领导力插上腾飞的"隐形翅膀"。中共中央、国务院颁布的《关于全面深化新时代教师队伍建设改革的意见》明确指出，创新教师培养形态，突出教师教育特色，重点培养教育硕士，适度培养教育博士，造就学科知识扎实、专业能力突出、教育情怀深厚的高素质复合型教师。很多名师表示自己能够得到发展，一个重要的因素归功于自己读取了教育硕士甚至教育博士学位。在读取学位的过程中，自己的专业知识得到丰富、学习素养得到提升、理论水平得到提高、人际关系得到拓展，这也为参与更多的学术活动提供了途径。在访谈中也发现，在河南省中原名师培训对象群体中，绝大部分名师具有攻读学位提升学历的意愿，其中有5位名师还具有博士学位或正在攻读博士学位。

【访谈4-1-11 高学历无形中代表着较高影响力】
> 我认为高学历是领导力的一个方面，学历高代表着你知识渊博，学问做得比较好，别人就愿意跟着你学，这无形中已经在起辐射引领作用了。

五、规则因素

规则是主体和共同体的中介，表现为共同体的行为规范和标准。规则既可以是显性的规则，也可以是隐性的规则。显性规则往往由成员表决通过，以文本、制度、条例的方式呈现；隐性规则虽没有显性地表达出来，但作为共同体的价值观，会被共同体无意识地遵从。名师访谈结果表明，学校文化、人际关系、人事分配制度、职称评聘制度、考核制度是规则因素的重要方面。

（一）学校文化

名师领导力的生成与发展得益于适应性的学校文化，学校文化无形之中也在影响着名师的发展。赋权、合作、信任、互助、开放、包容的学校文化能有效激发名师的领导力，能够促使名师带领团队成员分工合作，实现目标；相反，相对专制、封闭、保守、孤立、猜忌的学校文化会导致教师各自为政，教师与教师之间的物理距离和心理距离都会很大，不能进行有效的交流合作，势必会削弱甚至阻碍名师领导力的发挥。

【访谈 4-1-12　学校文化氛围影响名师领导力的发展】

学校的文化氛围对领导力的发展是非常重要的。如果说学校有一个非常民主、非常宽松并且团结协作的文化氛围，同事之间不是竞争关系，而是伙伴关系，大家能够拧成一股绳抱团发展，那么名师领导力的发展肯定会比较快。

（二）人际关系

名师要想提升自己的领导力，必须具备与同事、校长建立信任和合作关系的能力。名师只有通过不断的信息交流和信息反馈，才能增进与同事、校长之间的理解，寻求他们的支持。作为"关键少数"的校长，其对名师领导力发展的态度对名师的发展具有明显的影响作用，特别是在校长负责制的办学体制下，没有校长的支持或默许，名师的发展会举步维艰。如果校长能够充分信任教师，给教师提供发展的机会，汇聚各方资源支持教师，适当放权给教师，能够对教师取得的成绩及时进行鼓励，愿意与教师风雨同舟共担责任，就能够促进教师领导力的发展。

（三）人事分配制度

一个学校的人事分配制度，往往包括教师聘任制度、工资分配制度、津贴制度、荣誉制度等，与教职工的利益切身相关，对激发教师干事创业激情、增强学校办学活力、提高办学效益和促进学校健康有序和谐发展具有不可替代的作用。人事分配制度改革是面向全体教师的，具有普适性，考虑的是利益最大公约数，因此，学校的人事分配制度对名师价值的衡量往往是原则性的、模糊性的，致使名师所做的工作，从人事分配制度的角度看是"无用的"，无法给名师带来直接的效益，反而耗费名师宝贵的时间和精力，这有可能会降低名师的积极性，使名师不愿意从事一些"无用的"和"额外的"事情。

【访谈 4-1-13 人事分配制度指挥着教师的行动】

对于评优评先工作，我们学校采用的是积分量化政策。搞好教学工作和教学活动的同时，积极参与各级各项活动，根据学校积分规则积累积分，在各项荣誉评选活动中靠积分和实力说话，没有人有任何的异议。过去8年，我在学校的积分排名始终第一，市里能拿的荣誉我几乎都得过，这些我是靠实力获取的。

（四）职称评聘制度

教师是专业技术人员，因此，职称评聘是教师绕不开、必须面对的问题。有的教师，在职称评聘之前，干劲满满，各方面都能勇于争先；而在职称评聘之后，消极懈怠，各方面都流于应付。作为名师，不能置身于职称评聘之外，而是要积极参与其中。某种程度上讲，名师是职称评聘的受益者，名师和职称评聘构成相互促进的关系：为了进行职称评聘，名师积极努力、各方准备，积累了丰富的成果，能够助力名师职称评聘的顺利通过；相反，名师通过职称评聘后，自身的专业发展又上了一个大台阶，又有助于名师影响力的发挥和领导力的提升。

【访谈 4-1-14 有的人评完高级职称就不干啦】

有的人评完高级职称以后就不努力了，不愿意干了。教学上为什么会出现断层？就是因为没有持续下去的干劲，没有坚持在教学和教研上下功夫。

（五）考核制度

考核制度是评价教师的"指挥棒"，其规则不同，效果也会不同。考核制度包括很多方面，如教学考核制度、科研考核制度、评优评先考核制度等。如对教学的考核就有不同的考核办法，有的学校实行量化积分式的考核，能者奖，劣者罚，末位淘汰，突出个人能力；有的学校实行捆绑式评价考核，以一个班级为单位进行捆绑评价，不突出个人，只强调集体。如在评优评先考核中，也有不同的考核办法，有的学校实行推荐制，论资排辈，秩序井然；有的学校实行量化积分制，凭业务成绩积分进行推荐。这些制度的规则不同，其效果和结果也截然不同。譬如学校在推荐中原名师培育对象候选人时，实行论资排辈制或量化积分制，最终产生的候选人可能是不一致的，这就是规则的影响和制约。

【访谈4-1-15 通过制度调动积极性】

我们学校有这样的制度：如果教师不参加校级的名师工作室，那么他在评市级名师和省级名师时会受到限制。所以我们学校教师参加校级名师工作室的人比较多，百分之八九十的教师都在名师工作室内，而这样的做法对于提升名师领导力来说确实有很大的促进作用。

六、分工因素

分工是共同体成员横向的任务分配和纵向的权利与地位的分配。在名师领导力发展的过程中，有着教学共同体、教研共同体、育人共同体等不同的共同体。在实现客体转化的过程中，不同的共同体就会有不同的分工。在教学共同体中，名师是经验的传递者，具有向新手教师或青蓝教师传递教学经验的责任，通过"传帮带"使新手教师或青蓝教师尽快成长；在教研共同体中，名师是教研的规划者，具有课题策划、课题研究设计、论文撰写等责任，通过规划教科研任务带动团队的成长；在育人共同体中，名师是育人的协调者，创造条件和渠道发挥家庭、学校和社会的整体育人功能。

（一）经验传递者

名师往往是教学经验较为丰富的教师，在教师梯队攀升体系中，名师往往承担着"传帮带"青年教师的重要责任。一方面，对青年教师的成长来说，借鉴名师的教学经验，能够使自己的教学经验得以增长、教学实践能力得以提高；另一方面，在青年教师成长过程中，其教学方式的把握是否合理、教学设计是否适切、教学组织是否科学、教学内容处理是否准确等各个方面也需要名师的指点。具有丰富经验的名师，还可以对青年教师的成长进行个性化的指导，以帮助他们快速成长。

【访谈 4-1-16　名师在教学研究中要提高管理能力】

在教育高质量发展的今天，团队合作能力不可或缺。如在深度教学研究中，对大单元、大概念的研究也要基于教师的合力，这时名师的管理能力就非常重要，需要根据不同老师的特点以及教学研究的需要对任务进行合理分工，对进度进行合理规划，对成果进行有效评估等。

（二）教研规划者

在教学实践中，虽然很多教师是优秀的教师，但是教科研意识淡薄，存在"教而不研"的现象。名师与其他教师的一个非常重要的区别就在于，名师往往具有教科研意识，能够把教学中发现的问题、存在的问题进行深入分析，不仅能够看到问题现象，还能积极努力探索问题出现的原因，想方设法寻找解决问题的策略和路径。因此，名师相比其他教师，具有一定的教科研意识和教科研成果。所以，在进行课题申报、论文撰写时，名师往往起主导作用，能够对其他教师发挥影响作用。

（三）育人协同者

在"三全育人"理念的指导下，名师在育人方面不能仅限于自身的力量，还应该把家庭、学校和社会的力量都凝聚起来，充分发挥家庭、学校和社会在育人方面的独特作用和价值。名师要善于借力，寻找育人共同点和结合点，拓展教育资源。

【访谈 4-1-17　名师要树立协同育人观】

　　每个学生的情况是不一样的，我们不可能要求每个学生都是第一名、都考 100 分，同样不可能每个学生长大之后都有一个特别耀眼的工作。我们要接纳这种差异，学会跟不同的家长进行沟通。比如有一部分家长是外来务工人员，他们也想让孩子学好，可是他们每天晚上 11 点才下班，实在无暇顾及。家长如果不去工作他们该怎么生活？可是去工作就管不了孩子。我们除了在学校里面做到我们能做的，还应经常与家长沟通，指导他们该如何对孩子进行教育。

中介
专业阅读与研究、参与培训项目、
名师工作室建设、求学深造

主体
自我发展意愿、自我发展基础

客体
指向的明确性、呈现的清晰性

规则
学校文化、人际关系、
人事分配制度、职称评聘
制度、考核制度

共同体
教学共同体、教研共同体、
育人共同体

分工
经验传递者、教研规
划者、育人协同者

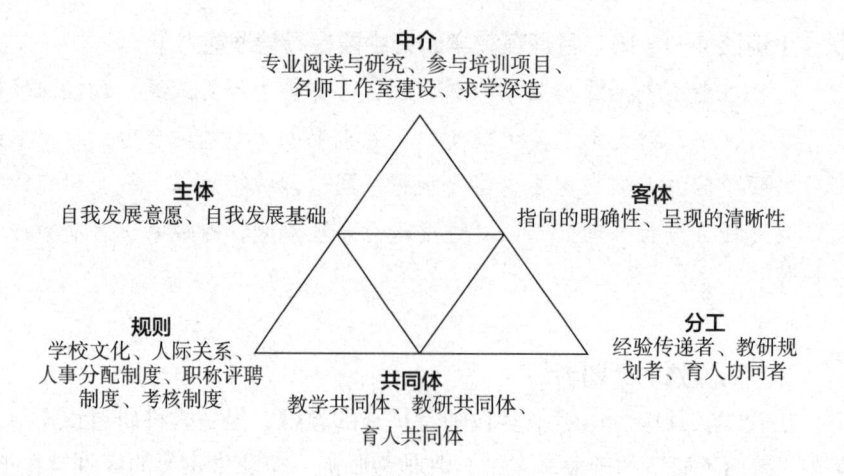

图 4-1-1　名师领导力发展的影响系统

　　名师领导力的发展受活动系统六要素的影响，名师领导力的发展是各因素相互影响、相互作用的结果（如图 4-1-1 所示）。从主体的角度来看，自我发展意愿、自我发展基础是中小学名师领导力发展的重要影响因素；从客体的角度来看，客体指向的明确性、客体呈现的清晰性是中小学名师领导力发展的重要影响因素；从中介角度来看，专业阅读与研究、参与培训项目、名师工作室建设和求学深造是中小学名师领导力发展的重要影响因素；从共同体的角度来看，教学共同体、教研共同体和育人共同体的构建是中小学名师领导力发展的重要影响因素；从分工的角度来看，中小学名师应该成为经验传递者、教研规划者和育人协同者，其角色定位是否准确是中小学名师领导力发展的重要影响因素；从规则的角度来看，学校文化、人际关系、人事分配制度、职称评聘制度和考核制度是中小学名师领导力发展的重要影响因素。名师领导力发展的影响机制，其实是名师在一定的活动情境下，遵循一定的规则和分工，借助中介支持，通过共同体之间的协作，共同促进名师领导力提升的过程。

第二节　名师领导力发展的特点

在对中小学名师进行问卷调查和深度访谈的过程中,发现这一群体有着独特的气质特征。总结中小学名师领导力发展的特点,就是找到中小学名师领导力发展的主要特征,发掘中小学名师领导力发展过程中的独特气质。根据"名师之眼"和"名师之言",中小学名师在其领导力发展过程中,呈现出明显的自觉自主性、与时俱进性、借鉴互通性、间断持续性、全面综合性等显著特点。

一、自觉自主性

名师是名师领导力发展的主体。名师领导力发展的前提因素是名师的主观能动性。名师只有具有发展领导力的意识、意愿和能力,名师领导力才有可能得到发展。

名师领导力发展的自觉自主性首先表现在名师往往具有终身学习的能力。名师通过终身学习的方式,不断完善自己的知识结构,更新自己的教育理念。

名师领导力发展的自觉自主性还表现在名师具有探索与反思的品质。这种探索与反思的品质,是在实践中生发的,是不断自我扬弃的:在面对不同学生时,名师能够根据不同的学情和学生个性,因材施教;在面对越来越熟悉的课堂时,名师能够利用自身的知识储备和丰富经验,进行必要的整合,以全新的视角和方式诠释课堂;在面对工作中的难题和问题时,名师能够去粗取精,透过现象看本质,把握住问题的核心要素,从点到面,找到解决这一类问题的办法和措施。

【访谈 4-2-1 反思要排在第一位】

我认为影响名师发展的重要因素是反思、创新、批判性思维。如果要把这三个因素排一个序,反思排第一,批判性思维排第二,创新排第三。如果我这个地方做得不好,那么为什么做得不好?是什么原因造成的?是因为我个人眼界的问题、我个人信仰的问题、我个人习惯的问题、我个人情感的问题,还是外部原因导致我做得不好?找到了原因,我该如何去改正?改正了以后还有没有更好的方法去落实它、实现它?

在名师的专业成长过程中,及时反思促使名师将零碎的教学经验上升为抽象的理论。在一定程度上,反思是名师发挥领导力的重要动力。

二、与时俱进性

人是社会关系的总和。基于系统论观点,人是系统的组成部分,人的发展受系统的影响。系统对人的影响具有双重性,既有可能对人的发展产生积极的推动作用,也有可能对人的发展产生消极的阻碍作用。这启示名师在发展的过程中,要积极融入系统的发展,借助系统的力量谋求自身的发展,同时也要不断迎接系统带来的各方面挑战。

名师领导力发展的与时俱进性首先表现在名师能够回应、回答时代之问。历史的车轮是滚滚向前的,特别是我国进入新时代这一新的历史方位之后,新时代向教育提出了新要求,如"双减""五育"并举、"新课标、新教材、新评价"、"强师计划"等,这要求广大教师特别是名师在回应时代热点,回答时代之问,解决新问题、提出新方法、做出新成果等方面积极作为,勇毅前行。在访谈中,有的名师在"双减"背景下积极尝试新的作业设计,有的名师注重体育、美育活动,积极推动全民健身和美育水平的提高等,这都是在回答时代之问。

名师领导力发展的与时俱进性还表现在名师能够前瞻思考、不断超越。名师往往能够手握"望远镜",看到远处别人看不到的风景;名师往往能够手握"显微镜",能够见微知著,防微杜渐,未雨绸缪;名师往往能够手握"放大镜",赋予日常事物以新的意义、新的使命。名师不会拘泥于当前的发展,也不会沉湎于些许的成绩,而是不断超越自己、完善自己。"最大的成功,不是击败别人,而是战胜自己;最难的坚持,不是历经磨难,而是不忘初心"是名师们的座右铭。

【访谈 4-2-2 名师做事要具有前瞻性】

名师要具有前瞻性和独到的视野,能把握事物发展的趋势,那么问题的思考角度就会更新颖独到。具体到实际生活和工作中,名师带领大家学习或者对课题研究的方向要有前瞻性,这个事能不能做,怎么做,事先都要有考虑。

名师具有较强的专业内驱力,专业内驱力促使名师结合时代的变化进行相应的探索,在不断超越的过程中实现专业成长。特别是在教育教学中,名师只有不断实践新的教学理念与教学方式才能顺应时代的发展。

三、借鉴互通性

何为经验?特殊事件整合起来,行动构成一个方式,成为一种常规,即为经验。经验是可以借鉴的,可以为他人所用的。

名师领导力发展的借鉴互通性主要表现在名师善于借鉴他人经验。教师面对的环境、教情、学情、校情等可能有较大差异,但纷繁复杂的现象背后肯定蕴藏着客观规律,如教学规律、学生成长规律、学生心理发展规律等。面对同样的问题,其他教师是如何认识、理解、处理的?面对其他教师的处理,名师又有什么启发、收获?自身又存在哪些不足?名师对其他教师经验的借鉴具有"镜子效应",一方面能够让自己及时发现和认识自身的问题,另一方面还能够印证自己在发展过程中比较有效的手段和方法。借鉴这些经验的过程,是教师专业发展的过程,也是名师领导力发展的过程。

【访谈 4-2-3 名师要善于学习借鉴他人经验】

　　名师要能够打破思维限制，跳出自己的团队，向其他优秀的团队学习。比如可以成立名师联盟，把河南省的相关名师工作室联合起来，建立一个专业的学习共同体，搭建一个更大的学习成长平台。轮流邀请全国的专家，实现资源共享，或者是工作室的一些好的成果也可以拿来共享。

　　名师领导力发展的借鉴互通性还表现在名师具有强大的融会贯通能力。名师成长的过程是不断融会贯通的过程。名师贯通理论与实践，贯通自我与他人，贯通个人与团队等，这种对各层级现象与问题的深度把握，提升了名师专业发展的内涵。

四、间接持续性

　　教师专业发展具有阶段性。教师专业发展一般分为合格教师、骨干教师、卓越教师、教育家型教师等阶段。教师专业发展，既具有间断性，又具有持续性。

　　名师领导力发展的间断持续性首先表现为具有间断性。教师专业发展虽然可以划分为若干阶段，但并不是所有的教师都能顺利跨越教师专业发展的各个阶段，相对来说，能够顺利跨越教师专业发展不同阶段的教师是少量的，也是幸运的。名师在发展的过程中，有可能只是跨越了部分阶段，而有些阶段是无法跨越的。名师发展领导力，有利于名师跨越教师专业发展的不同阶段，助推名师专业发展。

　　名师领导力发展的间断持续性还表现为具有持续性。之所以能够成为名师，靠的是长期专业积淀，每一阶段的积累都为下一阶段的发展提供坚实的基础。从唯物辩证法量变质变规律来看，量变是质变的必要前提，质变是量变的必然结果，要做好量的积累，积极促进质变的发生。名师领导力发展的过程，具有明显的"滚雪球"效应，即随着名师专业发展的累积，名师领导力的发展会越来越顺畅。

【访谈4-2-4　我很感谢努力的自己】

　　一个人能做成事，固然有幸运的成分、偶然的因素，但自身的努力和坚持是最重要的，是事物发展的内因。在我奋斗的过程中，有很多次想放弃，但想想自己已经付出了那么多，如果轻言放弃，原来的努力就会付诸东流。就这样咬咬牙坚持了下来，现在很感谢当初那个没有放弃和那么努力、那么拼命的自己。

　　名师成长的间接持续性主要是发展的连续性，它围绕名师专业成长的要素不断进行总结，是名师不断思考与成长的过程。

五、全面综合性

　　教育的根本任务是立德树人，我们要树的"人"是"五育"融合的社会主义建设者和接班人。锚定"为谁培养人、培养什么样的人"，才能更好地思考"怎样培养人"的问题。

　　名师领导力发展的全面综合性首先表现在名师具有扎实的教育知识和较强的教学能力上。名师首先是一名教师，不仅要具备扎实的学科知识，掌握相关学科的前沿理论和最新研究成果，还要具有较强的教育教学能力，通过科学的教学设计、合理的教学方法、正确的教学评价，把课程标准转化为教学目标，把教学目标转化为学生的核心素养。

【访谈4-2-5　名师要具备扎实的学科教学基本功】

　　作为学科名师，绝不能脱离教学一线，还要经常上一些优质课、示范课、观摩课等，当然也可以经常搞一些同课异构等活动，通过前后对比、思维碰撞，提升对教材、对学生、对教学的理解和感悟。通过扎根一线，发挥名师的示范作用，把学生培养好、教育好。

　　名师领导力发展的全面综合性还表现在名师应具有较强的综合素质。名师要想具有领导力，能够影响、辐射、带动更多的人，仅仅具有扎实的教学知识和较强的教学能力是不够的，还要具备综合素质，能够处理好各方面的关系，为名师领导力发展提供良好的环境和支撑。如，名师要具有较强的团队管理能力，能够带好团队，调动团队的积极性，从而取得丰硕的成果；名师要具有较强的沟通协调能力，能够调动家庭、学校、社会等方面的资源；名师要具有较强的自我调节能力，面对繁重的任务和压力时，能通过自我调节达到身心协调和平衡。

【访谈 4-2-6　名师要能够协调好人际关系】

名师的领导力一部分是通过人际关系处理能力体现出来的，人际关系某种程度上是名师领导力发展的一个关键的、隐性的影响因素。我们会发现在现实工作中，有些教师特别有号召力，哪怕他不是名师，为什么呢？因为他能较好地处理人际关系，善于尊重他人，善于深入学生及同事的内心，那他就有领导力。名师更应能协调好人际关系，没有良好的人际关系作支撑，名师的"名"就得打折扣。

名师成长的综合性具有相应的合理性。在中小学情境中，名师成长的过程是综合素质不断提升的过程。名师不仅要关注教学，而且要关注管理；不仅要关注个人成长，而且要关注团队成长；不仅要注重个人发展，而且要注重在学校发展中发挥作用。在一定程度上，名师在引领教师团队成长过程中发挥着"兜底"作用。

第五章 名师领导力发展的活动系统及动力机制

在考察名师领导力发展的影响机制和特点之后，根据活动理论，还要考察名师领导力发展的活动系统以及名师领导力发展的矛盾系统。名师领导力发展的活动系统可以帮助我们了解六个要素之间的相互关系，全面把握名师领导力发展的系统，更好地探究发展机制。名师领导力发展的矛盾系统可以帮助我们把握名师领导力发展中存在的种种矛盾，系列矛盾的解决为名师领导力的发展提供动力机制。

第一节 名师领导力发展的活动系统

活动系统是活动主体在共同体的支持下，借助中介不断对客体进行改造，当客体的状态发生改变时，形成该活动系统的结果，标志着原有活动系统的终结，以改变后的新客体为对象的新的活动系统随即产生，如此接续更替，推动事物不断向前发展。在活动系统中，名师领导力受主体、客体、中介、共同体、规则、分工六个要素的影响和制约，这六个要素相互结合，构成四个小三角形，形成了活动系统生产、交换、分配和消费四个子系统（如图5-1-1所示）。活动可以是内在的也可以是外在的，内化和外化思想是活动理论的主要思想之一。在名师领导力发展活动系统中，我们可以清晰地看到六要素之间彼此联结的关系，以及活动内化或活动外化的变化过程。列昂捷夫把活动分为感性的实践活动和内部心理活动两类，指出二者是相互作用、相互转化的，保持着内化与外化的双重关系。[1]

---

[1] 杨莉娟：《活动理论与建构主义学习观》，《教育科学研究》2000年第4期。

图 5-1-1　名师领导力发展的活动系统

一、生产子系统

生产子系统位于活动系统的顶部，是由活动主体、活动客体和活动中介三个要素构成的小三角形。在传统活动理论中，活动的产出和目标主要在生产子系统里完成，因此，它是活动系统最基本的子系统。生产子系统是一个活动外化的过程，也就是说，名师领导力生产子系统就是名师领导力发展的过程，是名师借助中介作用于客体，导致客体转化为结果的过程。

【访谈 5-1-1　名师发展领导力要依托平台】

名师要发展并提升自身的领导力，可以从五个方面着手：依托平台、站位高、格局大、能力强、辐射广。具体说来，就是借助各种发展平台来拓宽视野。当我们的视野变得广阔时，我们的格局和站位也会随之提高。格局大了，能力得到提升了，辐射面自然而然地也就广了。

名师通过专业阅读与研究、参与培训项目、名师工作室建设以及求学深造等工具，把自身发展的意愿和能力激发出来，积极地影响他人和组织，不断促进领导力的发展。名师领导力的提升，对名师自身、他人和组织都会产生积极的影响。

从对名师自身的影响来讲，名师的专业情感、专业知识、专业能力会发生积极的变化。

从对他人的影响来讲，名师能够更好地辐射、带动、引领、影响他人，促进他人发生积极的变化。

【访谈 5-1-2　名师要具备指导成员和团队发展的能力】

　　名师要具备指导成员和团队发展的能力。比如一个教师自我发展可能需要五六年，经过工作室的培养可能两三年就能迅速成长起来。名师还要具有引领团队的能力，你带领的不是一两个人，而是整个团队，这个团队要有活力，积极向上和谐，让团队中的每一个教师都愿意去学，这才能真正体现名师的领导力。

从对组织的影响来讲，名师领导力的发展会对组织和周围的环境赋予"正能量"，会影响组织的文化、规范和价值观，促进组织发生积极的变化。

【访谈 5-1-3　名校出名师，名师促名校】

　　名校出名师，名师促名校。学校领导不能只盯着名师上了几节课，这一次的平均分少了几分，要看得更长远，要看名师对学校的整体影响，要利用好名师资源。

名师的积极变化、他人的积极变化、组织的积极变化，三者相互影响、相互交织，不断促进名师领导力的进一步发展。

二、分配子系统

分配子系统位于活动系统的右下角，是由活动客体、活动共同体和活动分工三个要素构成的小三角形。在此系统中，通过分工联系活动客体与活动共同体。在分配子系统中，共同体成员可以根据自己的知识技能、兴趣爱好以及所拥有的资源找到在系统中的角色定位。

【访谈 5-1-4 组建的团队要分工明确】

　　我们现在已经组建了自己的团队，团队包含阅读提高组、教科研组、宣传组、后勤组、创编组等 7 个组。创编组是为校本课程开发做准备的。创编组又分成两个小组，两个小组里边又根据成员专业的不同再分组，每个组安排一个组长，并赋予组长自主安排副手的权利。每个人的站位不同、认知不同，创编出来的东西肯定不一样，在创编过程中一定要及时进行专业的指导和沟通。

分配子系统是一个活动外化的过程。在分配子系统中，活动共同体通过角色分工直接作用于活动客体。在名师领导力的发展过程中，名师通过建构教学共同体、教研共同体和育人共同体，充当经验传递者、教研规划者和育人协同者角色，促进名师领导力的提升和发展。

【访谈 5-1-5 团队成员之间要互相影响、共同进步】

　　要给团队成员成长的空间和时间，充分挖掘他们的潜力，同时尊重每个人的个性差异，在培养过程中因材施教，扬长避短。当成员在成长的过程中有了成就感，便会越来越自信，从而愿意去做，主动去做。如果每个成员都能起到榜样示范引领作用，成员之间互相影响、共同进步，团队文化自然而然就形成了，那么名师肩上的负担也能减轻一些。

在分配子系统中，共同体成员可以从共同体中得到收获，这种收获可以表现为自身态度的转变和能力的提升，也可以表现为自己在教学、科研、协同育人等方面取得更多的成果和更加优异的成绩。共同体成员取得的成果，又为相互交流、相互借鉴打下了基础。在分配子系统中，名师的角色和共同体成员的角色具有动态性、交互性，名师既要发挥出自身的角色作用，同时也要充分调动和发挥共同体成员的积极性、主动性和创造性，共同致力于客体的实现。

三、交换子系统

交换子系统位于活动系统的左下角，是由活动主体、活动共同体和活动规则三个要素构成的小三角形。在交换子系统中，共同体成员协商出道德规范、社会性规范、共同体规范等规则，规则反过来又影响、制约主体和共同体的活动，促使共同体形成发展的秩序，促进共同体的良性发展。

交换子系统是一个活动外化的过程。在交换子系统中，共同体成员根据自己所拥有的知识、能力以及兴趣爱好，在共同体中通过讲座、课题研讨、观课议课等方式相互交流、相互影响、相互引领，共同体成员通过交流获得自己需要的东西。

在生产子系统、消费子系统以及分配子系统中，共同体内部可能会出现矛盾和冲突，这种矛盾有可能是思想的碰撞、观点的相异，也有可能是利益的激烈冲突，这些矛盾和冲突如果得不到解决，就会直接影响最终的结果。

【访谈5-1-6　名师在交往过程中会产生摩擦和矛盾】
　　名师成长的过程是一个很艰辛的过程。实现专业上的成长，我相信绝大多数老师都有这样的追求，但是要提升领导力意味着与别的老师有更多的交往和交流，在这过程中难免会产生摩擦和矛盾，正因如此有的名师不愿意去做。

因此，交换子系统还有一个重要目标就是建立规则，解决矛盾，化解冲突。规则的具体呈现方式是多种多样的，既有学校文化、人际关系等隐性的规则，也有人事分配制度、考核制度、职称评聘制度等显性的规则。规则对于约束主体和共同体、有效促进协作、平息各方争议、实现共同体目标具有重要意义。

四、消费子系统

消费子系统位于活动系统的中间位置，是由活动主体、活动客体和活动共同体三个要素构成的小三角形。在该系统内，活动主体和活动共同体共同作用于活动客体。活动共同体和活动主体相互依存。这里的消费和消耗，有别于传统的物质消费观念，主要是指信息的共享，而非物质消耗。

【访谈 5-1-7　名师离不开学校这个共同体】

学校可以为名师成长提供"土壤"，当这个土壤足够肥沃时，不仅可以助力名师茁壮成长，而且可以让名师引领更多的人走向优秀。

消费子系统是一个活动内化的过程，即主体将外部活动转为内部活动。共同体成员进入共同体的目的是多方面的，有的是出于学习的需要，有的是出于功利的目的。进入的共同体成员，需要了解共同体的文化、规则、功能、结构和环境，了解的过程与学习的过程本身就是消费的过程。在教学共同体、教研共同体和育人共同体中，需要名师和共同体成员共享资源、共享信息，以支持名师和共同体的生产活动。当共同体成员将获得的信息作用于共同体的再生产时，就可以推动共同体的发展。

【访谈 5-1-8　要尊重成员加入团队的动机】

成员加入工作室的动机可能不一样：有的老师就是为了学习，加入工作室就是想从主持人身上学点真东西。有的老师加入工作室纯粹是为了攒条件，评完高级职称后就退出了。有的老师加入工作室就是为了提升自己的知名度，给自己"镀金"。工作室能在成员特定的发展时期给予帮助，助力他们更好地发展，这也是工作室的责任与荣幸。

消费子系统的顺利进行，离不开资源的共享。一个共同体能对成员产生足够大的吸引力，一个重要的因素是这个共同体有一些独特的资源。如果一个共同体有足够大的能量、足够多的资源，成员加入共同体能够促进自身的发展，那么这个共同体的吸引力就强；反之，则弱。这要求名师不断提升获取资源的能力，不断增强自身的能量。

第二节 名师领导力发展的动力机制

矛盾是活动理论的一个重要假设。活动系统是由多个要素构成的，要素内部以及要素之间都会产生矛盾。所谓活动系统内的矛盾，是指"要素内部、要素之间、不同活动之间或单一活动的不同发展阶段之间的不匹配"。矛盾会带来冲突和危机，但也能够激发主体的创新思维，矛盾引起活动系统的变化。如果活动主体能够发挥主观能动性解决了矛盾，就会促进活动系统的顺利发展。活动和活动系统在不断变化，并且要与其他的活动系统相互作用。有许多外部的影响因素"侵入"活动系统，活动系统适应外部的影响，并把它们转换成内部因素，这就促进了活动系统的发展。[1]结合访谈内容，本研究试图探寻名师领导力发展中的一些矛盾，这些矛盾可能是名师领导力发展中"矛盾群"中的部分矛盾。这些矛盾构成名师领导力发展中的动力机制。

在活动系统中，矛盾呈现出多层次性，恩格斯托姆把活动系统中的矛盾划分为四层：第一层矛盾是活动系统要素内的矛盾，第二层矛盾出现在活动系统的要素之间，第三层矛盾出现在活动参与者面临使用先进方法来实现目标的情况下，第四层矛盾发生在中心活动系统和外部活动系统之间（如图5-2-1所示）。

---

[1] 吕巾娇、刘美凤、史力范：《活动理论的发展脉络与应用探析》，《现代教育技术》2007年第1期。

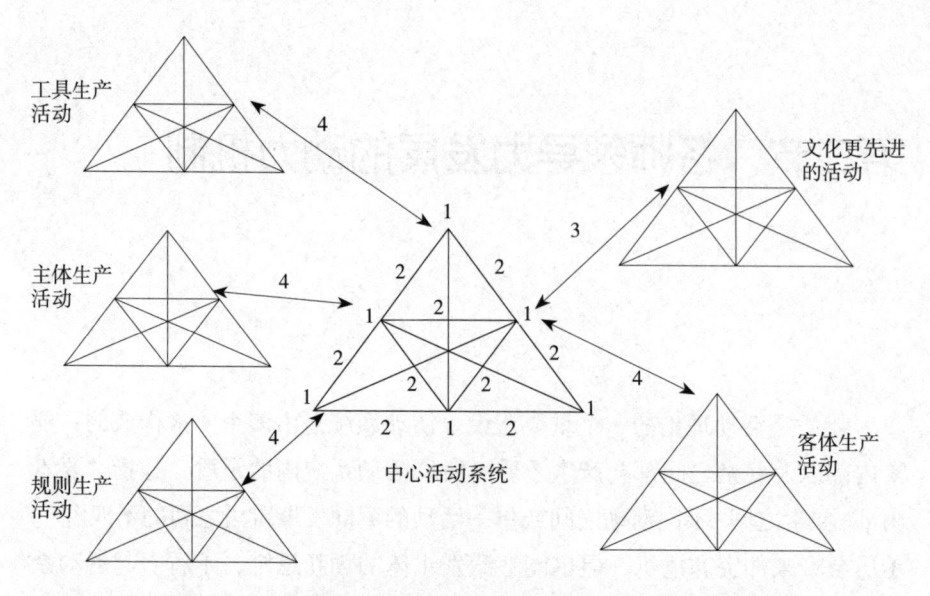

图 5-2-1　活动系统中的四层矛盾（恩格斯托姆，1987）

一、第一层矛盾：要素自身的矛盾

第一层矛盾，是要素自身的矛盾，是活动系统的主要矛盾，存在于活动的六个要素中（如图 5-2-1 中的 1）。在访谈中，名师的专业知识与自我期望、专业发展与职业生涯发展之间的矛盾相对比较突出。

（一）名师专业知识与自我期望之间的矛盾

名师的专业知识与自我期望之间是相互对立的，又是相辅相成的。一方面，两者具有对立性，名师的低专业知识储备与高自我期望之间是对立的，有些名师由于两者之间的差距而止步不前；另一方面，两者又是相互影响的，名师的专业知识是名师自我期望的基础，而一定的自我期望又能激励名师不断夯实专业知识。正是在两者的矛盾运动和矛盾解决中，名师的领导力才能得到发展。

（二）名师专业发展与职业生涯发展之间的矛盾

教师专业发展是教师个体专业不断发展的历程，是教师不断接受新知识、提升专业能力的过程。[1]教师职业生涯发展是指教师的职业素质、能力、成就、职位、事业等随时间轨迹而发生的变化过程及相应的心理体验与心理发展历程。[2]教师专业发展是教师职业生涯发展的前提和基础，教师专业发展能够促进教师职业生涯发展，但是教师职业生涯发展有时候会影响教师专业发展。如，受"教而优则仕"惯习的影响，很多名师走向行政工作岗位之后，会把大量的时间和精力放在处理行政事务上，自己的专业发展就会受到影响。但也有名师认为，教师职业生涯发展顺利，会为教师聚积大量的优质资源，会更加有利于促进教师专业发展。如何处理和平衡两者的关系，取决于名师的价值判断与价值选择。

【访谈 5-2-1　名师会纠结于专业发展与职业发展之间的矛盾】

> 我在很年轻的时候，是有机会转向行政岗位的，也有机会当副校长的，但是这样的话我可能会脱离教学一线。作为校长因为活动太多，是没办法代课的，本身也顾不上。对于我来说，如果脱离了教学一线可能根就没了，所以就给自己定好位，踏踏实实去做教师。

在访谈中，也有名师谈到，职业发展和专业发展是相互促进的，不管是专业发展还是职业发展，都能促进名师领导力的发展和提升。

【访谈 5-2-2　职业发展能够促进领导力的提升】

> 从自身的工作实际来看，虽然我被动地接了很多工作，但是没有白走的路，没有白干的工作，每当做一项工作的时候，当时觉得非常纠结和痛苦，但是做完之后自己确实得到了锻炼和成长。不承担工作肯定不会出错，承担越多可能出的错越多，但是从长远来看，领导力，它需要磨砺，需要在实践中不断成长。

---

[1] 教育部师范教育司：《教师专业化的理论与实践》，人民教育出版社，2003，第50页。
[2] 覃玉荣：《终身学习与教师职业生涯发展》，《中国教育学刊》2015年第S1期。

二、第二层矛盾：要素之间的矛盾

第二层矛盾，是要素之间的矛盾，是活动系统的次要矛盾，存在于活动六要素的两两之间，是角与角的矛盾（如图 5-2-1 中的 2）。活动系统共有主体与客体、主体与中介、主体与共同体、主体与规则、共同体与规则、共同体与分工、共同体与客体、客体与分工、客体与中介九类次要矛盾。

（一）主体与共同体之间的矛盾

【访谈 5-2-3　名师希望多开展学术沙龙活动】
　　想要提高名师影响力，我觉得可以多开展一些学术沙龙活动。因为很多名师都有非常优秀的成果，但是没有机会进行交流，就没法互相促进，共同成长，通过交流有助于名师的成长。

上述名师的困惑主要是主体和共同体之间的矛盾。当然，由于学校所处的位置不同、学校的层次不同，学校所拥有的资源和条件也不尽相同，也会产生其他的次要矛盾。

【访谈 5-2-4　同学科教师太少，不能很好地进行集体备课】
　　现在我所在的学校规模较小，同学科的教师也非常少，小学科可能就一两个人，没有办法集体备课。我原来所在的学校规模相对比较大，同学科有好几个教师，所以集体备课时，大家集思广益，特别能促进业务的发展。因为每个人的想象力、知识结构等都是有边际的，都有其不足和想不到的地方，大家在一起交流的时候才能碰撞出火花，这一点是毋庸置疑的。而且我发现，在一起交流，能启发思维、解决问题，所以大家都很期待下一次的交流。

该访谈对象提到，在集体备课时，由于同学科的老师太少，不能形成集体教研的文化和氛围，导致集体教研流于形式，这牵涉到主体和共同体之间的矛盾。

（二）主体与中介之间的矛盾

在访谈中，有些名师表示，在名师领导力发展过程中，自身抓手太少，限制了自己领导力的提升。

【访谈 5-2-5　学校缺乏专业发展的条件】

我们学校的设施条件不太好。由于学校没有开通中国知网账号，平时想看些专业文献就比较困难，我都是先在网上找好，然后再找朋友帮我下载下来。学校的图书资源主要是服务小学生的，我想看的专业书籍基本上没有，只能自己在网上买，现在我家的书柜基本上被我塞满啦。

该访谈对象提到学校图书资源匮乏，学校没有开通中国知网账号，导致在查阅相关文献和专业阅读方面受限，不利于教师的专业发展，这其实是主体和中介之间的矛盾。

【访谈 5-2-6　有的学校不愿意让名师外出学习培训】

能有外出学习的机会对我来讲特别重要，我也十分珍惜，但并不是所有人都这么幸运。听说有的学校不愿意让名师出去，一方面是因为教学任务重，调课之后会加重其他教师的负担；另一方面也有可能担心名师一旦学成，就会有流失教师的风险。

像这位访谈者提到的，一些学校因不便调课、教学任务重等原因，不愿意让名师出去接受培训活动，这是主体与中介之间的矛盾。

【访谈 5-2-7　一线名师建立工作室挺难的】

一线老师作为名师培育对象其实是很难的，特别是刚开始建立工作室的时候，有些领导觉得一线老师的办公室比他的都好，有些领导格局小，就是不给你建工作室。在这种情况下，名师需要去沟通，因为没有领导的支持啥也干不成。比如有的学校在考核检查时，打印机、录像机等设备都是从其他科室抱过去的，检查完就被拿走了，不属于工作室，这就是领导的支持力度不够。

该访谈对象提到，有的学校不重视名师工作室建设，在工作室建设的过程中，存在应付、走过场、配备不符合要求等现象，这也是主体与中介之间的矛盾。

（三）主体与规则之间的矛盾

【访谈 5-2-8　名师就要承担相应的责任】

作为名师，我觉得要克服困难服从上级主管部门安排的任务。无论送课下乡、讲示范课、组织听评课，还是参与师德演讲、师德培训以及教育局或者教研室组织的培训等相关工作，我们都要认真对待，无条件地去做。

瓦格斯塔夫（Wagstaff）和雷耶斯（Reyes）指出，教师在承担领导角色的同时也潜在地给自己增加了很多工作量，如果这些付出没有得到足够的补偿，就可能会造成他们的不满。[1] 有的学校，名师承担过多的工作量，这些工作量某种程度上是分外之事，有些本不该由名师承担。名师承担的这些工作量，又与考核制度、人事分配制度无关，这是主体和规则之间的矛盾。

可以看出，在名师领导力发展的过程中，活动六要素之间的矛盾是普遍存在的。名师在处理这些矛盾的过程，其实也是自己的想法完善的过程，更是羽化成蝶的过程。

三、第三层矛盾：中心活动与文化更先进活动之间的矛盾

第三层矛盾是中心活动与文化更先进活动之间的矛盾（如图 5-2-1 中

---

[1] 阿尔玛·哈里斯、丹尼尔·缪伊斯：《教师领导力与学校发展》，许联、吴合文译，北京师范大学出版社，2007，第 75 页。

的3）。当一个活动系统的信念、价值观或子活动与另一个活动系统相矛盾时，活动就表现在外部。当中心活动的更高级文化形式的客体与动机被引进活动中时，先进形式与落后形式之间就产生了矛盾。中心活动的主体也会努力尝试更先进文化的活动，这样就会向前发展。[1]在访谈过程中，第三层矛盾也是相对集中的，主要表现为在现有班级授课制教学组织形式下，名师如何更好地处理与新理念、新方法、新技术和新工具之间的矛盾。

（一）名师面临着新理念、新方法的挑战

近年来，基础教育进入了新课标、新课程、新教材、新评价等新阶段，这对教师的教学理念和教学方法提出了新要求，给广大教师带来了新挑战。在教学过程中，要求教师由原来的以教为中心转变为以学为中心，由原来的以教定学、多教少学变为现在以学定教、少教多学，把学生视为教学的主体和中心。在这一理念的指导下，倡导自主式学习、探究式学习、活动化学习。在传统的课堂里，很多名师依然习惯于"满堂灌"式的教学，对自主、合作、探究等学习方式知之甚少或不知道如何组织，在面临新挑战时一筹莫展；对新课程所要求的大单元教学、跨学科学习、活动型课程更是不知所措。这种先进的教育理念和教育方法对名师传统的教育理念和教育方法是一种冲击，所以要求名师努力尝试这种先进的教育理念和教育方法，只有这样才能向前发展。名师要具有与时俱进的能力，要不断更新自己的教育理念和教学方法。

【访谈5-2-9 名师要有前沿的教育理念】

名师的理念必须要对、要新，绝对不能走偏。若理念太陈旧或者不正确，即使努力了很多，也不能够增强自身的领导力，所以我觉得名师首先要有前沿的教育理念。

---

[1] 吕巾娇、刘美凤、史力范：《活动理论的发展脉络与应用探析》，《现代教育技术》2007年第1期。

（二）名师面临着新技术、新工具的挑战

随着生产力的发展，科学技术的日新月异，大数据、人工智能、"互联网+"教育不断改变着教育的形态和教育的方法，科技赋能教育已经成为教育发展的趋势和共识。"教育一直在和技术赛跑，每一次技术的发展都将导致对人类所拥有的知识和技能的重新估值。"如翻转课堂，它要求教学的呈现方式发生倒置，借助互联网工具进行学习。新的教学和学习工具，在实施的过程中也必然会形成新的学习规则和学习分工。在问卷调查中，我们发现名师有一个普遍性弱点，就是数字素养的欠缺，运用技术手段获取专业数据的能力比较薄弱。专业数据的获取，能够使名师摆脱经验主义的束缚，使自己的工作建立在专业证据的基础之上。

四、第四层矛盾：中心活动与周边活动之间的矛盾

第四层矛盾是中心活动与周边活动之间的矛盾（如图5-2-1中的4）。它出现在新的活动系统与其他相邻系统之间，可以理解为原有矛盾解决之后成果固化，出现了新的活动客体，在新事物的发展过程中因关系重组引发的矛盾。

（一）与中心活动的客体相背离的活动

名师成"名"之后，其社会性工作不可避免地会增多，在时间恒定的条件下，其自身的专业发展以及所承担的学校工作会受到影响和冲击，使名师面临着抉择的困境，这也是名师发展中"幸福的烦恼"。

【访谈5-2-10　名师的一些社会性工作与学校工作会发生冲突】

成为名师以后，市里、省里等很多活动都需要参与，时间、精力就不能全部投入到学校工作中，这样可能会跟学校的一些工作发生冲突，有时候这种冲突还比较激烈。

在访谈中，很多名师谈到由于时间限制，工作与家庭之间会存在一定的矛盾，需要协调，这一点，在女教师身上体现得尤其明显。

（二）中心活动主体接受教育的活动

名师外出培训的机会比一般教师要多一些，但学校的工作往往"一个萝卜一个坑"。名师如果出去培训，学校工作不可能不受影响；如果只在学校工作，名师的知识和视野也会受到影响。因此，名师的工学矛盾比较突出。

（三）与中心活动有关的制度、法规等活动

名师的发展受宏观政策的影响，这种影响具有两重性：适应政策会促进名师的发展，漠视政策会阻碍名师的发展，关键要看名师能否理解政策、顺应政策、落实政策。

【访谈 5-2-11　名师对政策应具有敏感度、解读力】

当新的政策和文件出台，不管是国家的方针政策，还是具体学科的课标等，名师要有一定的敏感度和解读力。要认真研读，找到与以往政策的相同点、不同点，从政策中找到工作创新点、工作增长点、工作落实点。

矛盾是普遍的，也是客观的。矛盾的这种普遍性，要求名师必须承认矛盾、正视矛盾、分析矛盾、解决矛盾，只有这样，才能不断推进领导力的发展。第一层矛盾、第二层矛盾、第三层矛盾和第四层矛盾，共同构成中小学名师领导力发展的动力机制。

第六章 中小学名师领导力发展的实现机制

第六章　中小学名师领导力发展的实现机制

理论研究只有深入社会实践，才会有根；理论研究只有服务社会实践，才会有魂。研究中小学名师领导力发展现状、构成维度、影响机制，揭露中小学名师领导力发展中的活动系统和动力机制，目的是促进中小学名师领导力的发展和提升。对此，本章为更好地促进中小学名师领导力发展，在活动理论指导下，探究中小学名师领导力发展的实现机制。

对中小学名师领导力发展的实现机制，笔者基于活动理论的视角，从活动理论的构成要素方面进行阐述。从主体因素方面来说，名师要不断觉醒领导意识、培育领导技能，增强名师领导力发展的内生性；从中介因素方面来说，名师要以成长为抓手、以项目为驱动，以筑牢名师领导力发展的支撑性；从共同体因素方面来说，要塑造共同愿景、注重合作分享，打造名师领导力发展的共同体；从规则因素方面来说，要加强政策支持、优化成长环境，促使名师领导力发展的制度化；从分工因素方面来说，要切实简政放权、真正赋权增能，倡导名师领导力发展的分布式。

第一节　增强名师领导力发展的内生性

觉醒领导意识、培育领导技能，增强名师领导力发展的内生性，是从主体因素方面来说的。

一、觉醒名师领导意识

"领导意识是教师对自我领导特质的认知、肯定以及愿意从事这一活动的态度。"[1] 名师对自身领导意识的唤醒和觉醒，是发展名师领导力的前提条件。因此，名师要注重从"教师"到"领导者"的转变，敢于去影响别人。

每位教师都是领导者，名师应该有这样的意识。名师，是教师队伍中的一员，是专业技术人员。名师的领导力不是基于一定的行政职权，也不是基于学校赋予教师的某个正式职位，而是基于教师的自愿与自主。依据分布式领导理论，领导在组织中是流动的、动态的。名师，作为"个人资本"非常充裕的教师，更应该积极发挥自身的影响力和领导力。名师的领导力，本质上是专业上的领导，即通过专业情感、专业知识、专业技能影响他人。

从名师领导的范畴来看，名师既要立足于教室，又要走出教室。立足于教室、立得好教室是名师的底色，走出教室、扩大影响是名师的本色。从学校效能的角度来看，学校办好要取得良好的效能，不能仅靠传统科层组织上的领导。如果一个学校发展的希望全部寄托在校长一个人身上是不能想象的，也注定会失败的。学校的发展离不开教师的热情参与和汗水浇灌。因此，名师要积极转变角色，主动参与学校的重大事务、教育教学、管理决策和改革发展，变"个人资本"为"社会资本"，充分发挥自身的引领辐射、示范带动作用。只有名师的领导意识觉醒了，其领导潜能才能被激发，其责任感、使命感才能被激活，教师领导这个"沉睡的巨人"才能被唤醒。

二、培育名师领导技能

名师在化"个人资本"为"社会资本"的过程中，要与他人沟通、协调、合作，在此过程中，不可避免地会出现一些矛盾、摩擦和冲突。因此，掌握一些领导技能对名师发展领导力十分必要。培育领导技能，首先明晰需要培育哪些关键的领导技能。从多元的视角看，教师领导力的发展需要

---

[1] 范士红、熊梅：《美国教师领导教育的实践路径、特征及启示》，《现代教育管理》2021年第3期。

大量的技能、技巧，哈里斯和兰伯特将其分类概括如下[1]（见表6-1-1）。

表6-1-1 教师领导力所需要的技能

所需技能	具体内容
个人能力	倾听和反馈能力
	自我反思能力
	自我评价能力
	关心和尊重他人的能力
专业知识和技能	反应能力
	沟通能力
	影响能力
	具有丰富的专业知识
合作能力	决策制定能力
	团队合作能力
	问题解决能力
	化解冲突能力
变革能力	计划能力
	变革能力
	专业发展和提供支持的能力

在前期问卷调查和半结构访谈的基础上，我们知道，自我成长力、教学领导力和团队建构力是名师领导力的关键能力。在这三大维度中，还有一些具体的技能可能是名师较为欠缺的，如，沟通交流的技能、授权的技能、协同育人的技能、数字赋能技能，这些是名师领导力发展的短板。

名师要增强沟通技能。国内外大量相关研究证实，人际关系是影响

---

[1] 阿尔玛·哈里斯、丹尼尔·缪伊斯：《教师领导力与学校发展》，许联、吴合文译，北京师范大学出版社，2007，第98页。

名师领导力的重要变量，对名师领导力的发展起着促进或阻碍作用。要形成良好的人际关系，需要名师有正确的价值观、强大的情境理解能力，当然也需要良好的沟通技能。只有通过良好的沟通，才能让周围的同事、学生、校长等了解其愿景、目的，才能减少隔阂增加理解，才能更好支持名师的发展。卓越的教师和领导者沟通时会传递大量的信息，这些信息大致可归纳为"3i 和 3c"六大类。[1] 通知（inform）：与学生、教职工和家长沟通的一个主要目的就是提供信息；激励（inspire）：激励他人加入愿景；召唤加入（include）：设法让别人加入愿景。阐释（clarify）：阐释之前已传达过的信息，但是以一种新的方式来表达，或以新的形式来分享；激励（challenge）：激励他们所带领的人；褒扬（celebrate）：及时认可和褒扬他人在实现愿景的道路上所取得的成功。

名师要学会授权。随着名师领导力的不断提升，名师所带的团队规模会不断扩大、团队数量会大量增加，面对剧增的团队数量、团队任务，仅靠名师一人单枪匹马肯定不能满足发展的需要。因此，名师要学会授权，充分发挥团队成员的特长和主动性，实现领导权的共享，这样才能更好地实现组织目标。

名师要具有整合社会资源的能力。名师的成长和发展，离不开社会各方的参与和支持，名师要具有调动社会资源和整合资源的能力，从而创造有利的政策条件、智力支持和物质保障。这需要名师密切关注外部变化的世界，抓住机遇，积极寻求各方面的支持。"成功的创新不会从52层的总部大厦里跳出来，也不会来自市府大楼的办公室。你必须建立关系、网络，必须社交，必须去各处走走，改变常规环境，你要与周围的外部世界保持接触。"[2] 成功的创新如此，名师领导力的发展和培育更是如此。名师要进一步增强协同育人意识、丰富协同育人的抓手、提高协同育人的能力、健全协同育人的机制，让一切能够促进名师领导力发展的资源充分汇聚。

名师要具有数字素养。如今，新一轮产业科技革命正风起云涌，"数

---

[1] 托德·威特克尔、杰弗里·佐尔、吉米·卡萨斯：《每一位教师都是领导者：重新定义教学领导力》，韩成财译，中国青年出版社，2019，第102—104页。

[2] 詹姆斯·M.库泽斯、巴里·Z.波斯纳：《领导力：如何在组织中成就卓越（第6版）》，徐中、沈小滨译，电子工业出版社，2018，第141页。

字经济"已经成为国家战略，深入推进智慧教育正当其时。作为名师，要主动适应时代要求，利用新技术为领导力发展赋能。一、新技术赋能教育教学改革创新。名师可借助新技术，通过平台搭建、流程再造，促进教学范式转变。可以借助大数据等新技术手段，开展问题诊断、即时反馈，促进教学的有效性。二、新技术赋能名师发展。名师可利用新技术打破时空限制的优势，时时可学、处处可学，充分利用互联网中的海量资源开展个性化学习。三、新技术赋能教育优质均衡发展。我国教育资源还存在着区域间、城乡间、学校间不均衡的现象，作为名师，应该承担促进教育优质均衡发展的责任，汇聚优质教育资源，结合"三个课堂"建设，精准匹配各地需求，借助新技术、新手段为教育优质均衡发展提供新的解决方案。可见，随着人工智能、大数据等信息技术的发展，名师具备必要的数字素养后，能够借助信息技术的发展使自己能力提升，同时，还能够拥抱信息技术的发展，利用信息技术为自己服务。因此，名师应该具有用数据说话、用数据循证、用数据评估、用数据反馈、用数据沟通的技能，在新技术赋能教育教学改革创新、名师自身发展以及教育优质均衡发展的过程中，名师领导力的也会得以提升。

在明晰名师需要培育哪些关键领导技能的基础上，还要知道领导技能培育的方法。"要想知道梨子的滋味，就要亲口尝一尝"。名师要培育领导技能，积极投入实践才是根本途径。在实践的过程，名师不断总结成功的经验，并把成功的经验复制到实践中；不断汲取失败的教训，在实践中努力改正，使自己的领导技能不断臻于完善。名师的成长具有借鉴互通性，通过借鉴他人的经验，"拿来"为我所用，也是重要的途径。

第二节　筑牢名师领导力发展的支撑性

以成长为抓手、以项目为驱动，筑牢名师领导力发展的支撑性，是从中介因素方面来说的。

一、树立专业学习理念

在访谈中，很多名师表示，当自己小有成就时偶尔也会盲目地喜悦，但当自己参加培训、与人交流时，就能清晰地感知到自己的不足，并且有强烈的自我改进期待，还会陷入深深的焦虑之中。当名师开始意识到自己的不足并处于一定的焦虑状态时，往往会打破这种状态，着手开始新的学习。

教师的专业学习还有很多障碍。国际性的研究表明，虽然终身学习这一理念相当具有说服力，但对于大多数教师而言，正式的发展机会仍然屈指可数，主要是接受一些短期的在职教育和培训。[1]在教育教学实践中，有很多因素在阻碍着教师和名师的专业学习：一是没有专业学习的氛围和时间。工作之后，教师日常、琐碎的工作占据了绝大部分时间，教师缺乏专业学习的时间，即使每周要学习专业知识，但是仅限于教学内容，也没有专业学习的政策氛围。二是教师的学习具有碎片化特征。教师的学习缺乏连续性、系统性，很多都是支离破碎的，知识之间缺乏内在的联系。三是教师的学习具有盲目性。教师的学习很多都是盲目的，没有安排其他教

---

[1] 阿尔玛·哈里斯、丹尼尔·缪伊斯：《教师领导力与学校发展》，许联、吴合文译，北京师范大学出版社，2007，第67页。

师进入自己的学习过程，缺乏其他教师的指导和帮助。四是教师的学习具有片面性。教师的学习很多都是"拿来主义"，直接复制他人的教学经验，对这种经验是否与自身的实际相符合是不管不问的，这种盲目效仿如同邯郸学步、东施效颦，收效应该是不尽如人意的。

能够促进学习的方式有很多，如专业阅读与研究、学历提升、求学深造、项目式学习等。名师如果有求学深造、提升学历的机会，一定要利用好这样的专业学习机会，促进自身理论水平的提升。访谈和调研结果支持这样一个观点：基于任务导向的、工作嵌入的、实践需求的项目化学习，可以促进教师专业发展，也可以促进名师领导力的提升。通过骨干教师培训、名师培训、优秀班主任培训等一个个项目，名师在真实情境中反复实践并不断改进各种技能，这种工作嵌入式的项目化学习，一方面能不断促进名师的实践和反思，另一方面因其能基于真实情境进行相关实践，所以能促进学习真正发生，最终也能促进名师领导力的发展。就像波克特所说，教师领导力本质上是一种工作嵌入式的专业发展，通过这种持续不断基于现场的专业发展，可以实现教育改革和教学改进。[1] 也就是说，名师的专业学习必须要与实际、实践结合起来，走"实践—反思—改进—再实践—再反思—再改进"的螺旋上升的路径。这样的专业学习才能促进名师自身的发展，促进教育改革和教学改进的发生，影响力就一定会得到彰显，领导力一定会得到发展。

二、重视名师工作室建设

名师的成长离不开抓手和工具。名师重视自身的工作室建设，工作室是名师发展领导力的有力工具。工作室是展示名师教育教学成果、教育教学改革成效的"大舞台"，工作室成员是传播名师教育思想、延展名师教学主张的"御林军"。名师要发展领导力，工作室既是一个实践的基地，

---

[1] P. E. Poekert, "Teacher Leadership and Professional Development: Examining Links Between Two Concepts Central to School Improvement," *Professional Development in Education* 2（2012）：169-188.

也是一个实践的平台；既是名师孵化骨干教师、名师的"母机"，也是名师示范辐射的"窗口"。因此，名师要发挥成员的集体智慧，把名师工作室建设好，使名师工作室能够真正成为发展自身领导力的重要抓手。

在中小学名师工作室建设中也存在一些突出问题。李华平认为需要着力解决名师工作室建设"四有四无"问题，即有牌子无组织，有组织无活动，有活动无价值，有价值无方向。[1] 肖林元认为，名师工作室建设存在发展特色不突出、区域发展差距较大、工作成效良莠不齐、规范管理有待提升等问题。[2] 要建设好中小学名师工作室，根据笔者的实践经验和相关研究文献，应关注以下几个方面：一是要选好工作室成员。工作室成员的素质、能力和水平直接影响着工作室活动开展的成效，在工作室成员的选取上，要制定标准，遴选符合条件的工作室成员。二是要注重工作室文化建设。通过对工作室发展理念、发展定位、发展愿景、发展路径等进行规划，通过文化的力量浸润工作室成员。三是要注重工作嵌入式学习。把工作室的集体学习活动与教师的工作实践结合起来，使集体研修和学习能够直接服务于成员的教育和教学工作，使成员带着问题学、为解决问题学。四是要举行丰富多彩的活动。工作室要以活动为抓手，以丰富多彩的活动调动成员积极性，使成员在活动中学、在活动中做、在活动中用。五是要发挥评价的牵引作用。评价对工作室成员的行为具有激励、导向、固化等作用，要发挥评价的"指挥棒"作用，助推成员取得更佳成绩。

---

[1] 李华平：《名师工作室建设的问题与对策》，《教育理论与实践》2015 年第 2 期。
[2] 肖林元：《区域提升名师工作室建设实效性研究——以南京地区名师工作室建设为例》，《中国教育学刊》2014 年第 10 期。

第三节　打造名师领导力发展的共同体

塑造共同愿景、注重合作分享，打造名师领导力发展的共同体是从共同体因素方面来说的。

一、打造学习共同体

"共同体"一词，最早是由德国学者斐迪南·滕尼斯（Ferdinand Tonnies）在《共同体与社会——纯粹社会学的基本概念》一书中提出来的一个作为社会学的概念，被定义为"忠诚的关系和稳定的社会结构"。其中的成员"在同一种社会关系中形成自己的信念和价值观，以某种群体的活动显示其存在"。[1] 传统的共同体和现代的共同体是有区别的：传统的共同体以地域、血缘和精神为纽带，共同体建立在成员本能的中意，习惯制约的适应，或是与思想有关的共同记忆之上的，是自然而然产生的。而维系现代共同体的是成员的身份认同，包括对共同体的文化、价值、思维方式和行为方式的认同，以及个体在共同体中的身份变化。这种身份认同不是自然而然产生的，是在共同体实践的协商中逐渐形成的。如果成员的身份在共同体实践中不能得到维持、认同，那么成员的归属感、参与度将大打折扣，成员也逐渐被边缘化，甚至离开。[2]

学习共同体的概念衍生于学习型组织的概念。彼得·圣吉（Peter

---

[1] 刘军宁等：《自由与社群》，生活·读书·新知三联书店，1998，第 18 页。
[2] 张莉：《专业共同体中的教师知识学习研究》，博士学位论文，东北师范大学，2017，第 11 页。

Senge)在《第五项修炼》中强调建立一种导向学习而非控制机制的学习型组织,以帮助我们适应复杂、相互依赖又不断变化的社会。学习共同体是这样一群人,他们基于某种共同的兴趣和主题聚集在一起,共同学习、分享实践经验,提升实践能力,改进实践的成效。

学习共同体在学校组织中广泛存在。撒乔万尼(Sergiovanni)认为,学校就是由各种各样的学习共同体组成,这些共同体就像一个个不同的马赛克,不同的马赛克汇聚起来,就能构成一幅美好的画卷。因此,他提出学校犹如"马赛克"的隐喻。与之类似,哈格里夫斯(Hargreaves)也认为,共同体之间的流动,可以被称为"流动的马赛克"。共同体理论的思想精华在于"共同的愿景""合作的文化""共享的机制""对话的氛围""归属感"。[1] 也就是说,在学习共同体中,教师之间要有合作机会、有分享知识和进行开放性讨论的机会、有合作解决问题的机会、有共享信息的机会。在共同体内,名师能够适度授权、放权,成员能够具有自主性、积极性,在一种彼此信任、彼此依存的环境中为实现共同的美好愿景而奋力拼搏。

二、塑造共同愿景

共同体应该确立奋斗的目标,而名师要对未来实现的目标进行描绘。共同愿景是指引共同体奋进的方向和目标,也是激励共同体发展的持续动力。"卓越的领导者的关键任务是共启愿景,而不是宣扬他们个人的理想。这就要求你找到共同的目标,让人们参与进来。追随者希望自己是实现愿景的一部分。"[2] 共同愿景的塑造不是名师一个人的事情,名师要善于倾听追随者的心声,把追随者的愿望有机融入共同愿景中,与成员一道塑造共同愿景。共同愿景的塑造,既要顶天,又要立地。"顶天"意味着要有激励作用,要与国家发展、社会需要相适应;"立地"意味着共同愿景要接"地气",要承接学生的需求、成员的追求,要有实现的可能性。也就

---

[1] J.莱夫等:《情境学习:合法的边缘性参与》,王文静译,华东师范大学出版社,2004,第1页。
[2] 詹姆斯·M.库泽斯、巴里·Z.波斯纳:《领导力:如何在组织中成就卓越(第6版)》,徐中、沈小滨译,电子工业出版社,2018,第95页。

是说，塑造共同愿景，既要考量"国之大者"，又要思虑"民之盼者"，把两者有机地融合起来。

"不管梦想有多美妙，如果人们没有看见实现自己的希望和愿望的可能性，他们就不会心甘情愿和全力以赴地前进。你必须向人们展示，未来的愿景如何能为他们服务，他们的具体需求将如何得到满足。"[1]共同愿景不是装饰共同体的花瓶，而是共同体前进的方向，名师要做的就是团结共同体成员，把美好的发展蓝图变成活生生的现实。要实现愿景，一是需要明确路径和方法。美好的愿景令人振奋，展现取得成功的途径和方式更是必要。在笔者的名师工作室建设过程中，除了树立共同的发展愿景，还就如何实现愿景提供了四大路径，分别是深度学习，发展素养；校本研修，问题导向；课题探究，论文提升；示范引领，专业成长。二是需要选好榜样。愿景之所以能够激励他人，就在于人们能够在生活中看到践行愿景的榜样，特别是这个榜样取得了令人羡慕的成功。当追随者看到榜样在追求愿景的过程中，其需要得到满足，自身也得到发展之时，愿景的激励作用会变得更强。三是需要讲好故事。愿景这个词来源于"看见"（to see），因此，愿景陈述不是文字表达，而是一幅文字描绘的画面。一个共同的愿景，必须能够被看见。"你必须描绘一幅引人注目的未来画面，它能让人们感到似乎真的生活和工作在那个激动人心和令人鼓舞的美好的未来之中。这是激发人们全力以赴献身于组织愿景的唯一良方。"[2]讲好故事就能起到这样的作用。讲好故事能够使抽象的愿景形象化，更能够吸引追随者的兴趣，更能达到说服、教育的效果。

三、培养合作文化

教师之间的合作能够促进教师的专业发展，这虽然是一个常识，但教师之间真正实现合作却不是一件容易的事情，教师间的合作面临着重重阻

---

[1] 詹姆斯·M.库泽斯、巴里·Z.波斯纳：《领导力：如何在组织中成就卓越（第6版）》，徐中、沈小滨译，电子工业出版社，2018，第96页。

[2] 詹姆斯·M.库泽斯、巴里·Z.波斯纳：《领导力：如何在组织中成就卓越（第6版）》，徐中、沈小滨译，电子工业出版社，2018，第115页。

碍：一是时间有限，没有充足的时间合作。教师的日常被各种各样的工作填满，即使教师想合作，但由于缺乏充足的时间，合作也是"想说爱你不容易"。二是教师工作具有一定的竞争性。在很多学校，教师之间的工作是具有竞争性的，竞争性带来排他性，这造成很多教师把自己的"独门绝技"隐藏起来，不愿意与他人进行合作交流。三是组织环境不支持。现在很多学校的组织机构是等级制的，具有较强的行政主导色彩，教师是上级命令的接受者和执行者，具有单向度。部分学校实施着较为严格的问责制，把教师摆在一个又一个的排名队伍中。这样的组织环境也不利于教师间的真正合作。

合作技能对名师的发展是十分必要、十分重要的，但什么样的合作才是真正的合作呢？哈格里夫斯的研究值得人们借鉴。他认为，真正的合作应该具备以下特征：一是合作关系应该自发形成的，而不是受外力的诱发，即具有自发性。二是合作关系是在工作过程中自愿形成的，即具有自愿性。三是合作关系是指向教师专业发展的，即具有发展取向性。四是合作关系"天涯若比邻"，即具有超越时空性。五是合作的结果不一定表现为成果，即具有不可预测性。只有满足这些基本特征的合作，才是真正的合作。

为教师创造一个合作的专业学习环境，对于成功推动学校改进而言是"唯一最重要的影响因素"，对于那些渴望提高教学有效性的教师来说是"重中之重"。合作如此重要，合作需要技能：具备确立与同事共享组织目标的能力；能够促进团队构建的进程；掌握沟通技巧；对变革及其影响具有深刻的了解；能够协调冲突；能够建立积极的人际关系。当教师之间就他们的实践经验进行对话时，有意义的实践反思和教师学习便悄然发生了；当一名教师试图对其他教师进行更深入的了解和认识时，学校改进的潜能就会与日俱增；当学校中的成员能够对专业实践进行反思、评价和探讨时，一个学习型的团队正在形成，并由此不断地得以提升。[1]

名师可以根据不同的需要，组建教学共同体、教研共同体和育人共同体。在共同体组建的过程中，有一支特别重要的力量尤其要引起注意，那

---

[1] 阿尔玛·哈里斯、丹尼尔·缪伊斯：《教师领导力与学校发展》，许联、吴合文译，北京师范大学出版社，2007，第70页。

就是高校的力量。其实，"U-S"合作模式一直是促进教师专业发展、提升名师领导力的一个重要路径，它能够发挥高校和中学双方的优势，做到优势互补、取长补短。也就是说，名师要充分重视高校的力量，特别是要借助高校的理论优势，弥补自身及工作室的理论不足。

第四节 促使名师领导力发展的制度化

加强政策支持、优化成长环境，促使名师领导力发展的制度化是从规则因素方面来说的。

规则既为组织划定特定的边界，起着规范、调整、约束的作用，同时，规则还为组织形塑一种督促关系，具有激励、促进的作用。规则既可以表现为制度、政策、法规等显性规则，也可以表现为价值观、惯习、潜规则等隐性规则。名师领导力发展需要良好规则的支持。

一、加强政策支持

呼吁国家出台名师领导力发展专业标准体系。"通过标准驱动促进教师专业发展，提高教育质量是近年来国际教育界形成的一个重要共识。"[1] 在美国，首部中小学教师领导标准《教师领导者示范标准》（*Teacher Leader Model Standards*），于2011年由"教师领导力探索联盟"颁布。截至2018年，美国通过《教师领导者示范标准》的州共有17个。[2] 2020年10月，英国政府出台了中小学《教师发展领导力框架》（*National Professional Qualification:Leading Teacher Development Framework*），为致力于课堂教学的教师提供深化自身专业发展和指导其他教师专业成长的机会。该框架从教学、设计和保障有效的专业发展方案、实施四个方面以及"学习什么"

---

[1] 刘正伟、李玲：《美国中小学教师国家专业标准改革评述》，《比较教育研究》2016年第1期。

[2] 魏晓宇、程晋宽：《教师领导力何以提升——基于美国教师领导力发展支持举措的分析》，《比较教育学报》2022年第4期。

和"学习如何做"两个层面规定了领导型教师在引领教师发展方面应该具备的知识、技能和行为。[1]通过建立专业标准体系，能够为名师领导力发展提供方向和指引。我国非常注重教师专业发展，也认识到了名师、卓越教师的重要性，为卓越教师专业发展提供了一些政策性的支持。2018年9月，我国教育部发布了《关于实施卓越教师培养计划2.0的意见》，这一计划要求"通过共建中小学名师名校长工作室、特级教师流动站、企业导师人才库等，建设一支长期稳定、深度参与教师培养的兼职教师教育师资队伍"。但从我国出台的系列政策来看，这些政策往往具有较强的普适性，具有大而全的特点，针对某一群体而制定的专业标准体系还不太明确。我国目前对于骨干教师群体应该具备的专业素养、技能以及专业发展的目标等内涵问题的探讨十分有限，使得相关专业培训的实效始终存在争议。[2]鉴于此，呼吁国家相关部门也能制定名师领导力发展专业标准，为名师发展领导力提供遵循和依据。

建立教师梯队攀升体系。我国具有举国治理体制的制度优势，教育发展也具有鲜明的行政主导色彩，名师领导力发展的过程、发展的质量等需要国家行政主导。据此，可以发挥制度的保障作用，建立教师梯队攀升体系，借助这一体系促进名师领导力的稳步攀升与发展。我国绝大部分省份，也建立了与本省省情相适应的以新入职教师为基础、以各级骨干教师为主体、以各级名师为中坚、以卓越教师为引领的教师梯队攀升体系。教师梯队攀升体系的构建，为教师职业发展绘就了路线图，也为名师领导力的提升提供了坚实的保障。

为名师领导力发展提供培训或课程。美国非常重视教师领导力发展，为教师提供丰富的领导力提升方面的培训或课程。如美国的"新兴领导者项目"作为教师领导力发展计划中的一个典型代表，自2001年启动以来成绩斐然，所培养的领导型教师在提高教师集体绩效方面效果显著。该项目实行选拔式招募筛选、实践式学习模式和工作嵌入式考核评估方式，在

---

[1] 周丽丽、彼得·麦克拉伦：《英国新一轮中小学教师发展领导力框架改革探析》，《比较教育学报》2021年第5期。

[2] 张文宇、张守波：《美国<教师领导能力标准>述评》，《教育评论》2017年第9期。

理念设置、实操流程以及保障机制方面进行了积极的探索。美国"明天学校的领导力"计划，是为教师的领导者新角色提供实践机会而设立的一项培养计划。为教师领导力发展提供培训或课程，可以使名师领导力相关培训更加聚焦、更加具有针对性、更加系统。

国家出台相应的支持性措施，构建中小学名师能力标准，能够为中小学名师领导力发展提供方向指引。为名师发展领导力提供丰富的培训和课程，使名师通过课程不断提升自己的领导意愿、领导技能，不断促进名师领导力的提升。

二、优化成长环境

名师领导力的发展不仅需要国家政策层面大环境的支持，更离不开学校等微观环境的支持。从某种意义上说，学校等微观环境的支持对名师领导力的发展更加重要，因为名师就生存在学校等微观环境中，微观环境会对名师产生潜移默化的影响。在学校制度中，人事分配制度、职称评聘制度、考核制度等制度与每个人的利益切身相关，名师也无法置身事外。但学校在制定制度时，秉持什么样的立场、倡导什么样的导向、传递什么样的价值观就显得格外重要。教师是教育发展的第一资源，名师是教育发展的顶梁柱。学校在制定政策时，应该鼓励名师的发展、采取必要的措施支持名师的发展，为名师的发展解决瓶颈性、疑难性问题。

在关注学校制度等显性规则的同时，学校文化等隐性规则更应该受到重视。支持教师领导力的、鼓励创新和试错的学校文化是教师领导力产生及发展的主要原因。[1] 支持性的学校文化要有共同的愿景和普遍认同的价值观，共同的目标体系促使教师朝着同一个方向努力；支持性的学校文化要为开发教师领导力提供支持，学校管理者要看到开发名师领导力的价值，对促进学习发展的意义，能够为名师开发领导力提供政策上、财政上、人员上的支持，为名师领导者提供外部培训、内部晋升的机会；支持性的学

---

[1] 阿尔玛·哈里斯、丹尼尔·缪伊斯：《教师领导力与学校发展》，许联、吴合文译，北京师范大学出版社，2007，第154页。

校文化还要在教职工之间建立高度的信任，这种相互信任的文化氛围使名师更有安全感和归属感，进而促使教师敞开心扉、沟通交流；支持性的学校文化要鼓励名师的创新，包容名师的创新过错，使"创新无错"的理念得到彰显；支持性的学校文化要有明确的组织职能分工和安排，为名师提升领导力提供组织保障。

第五节　倡导名师领导力发展的分布式

切实简政放权、真正赋权增能，倡导名师领导力发展的分布式是从分工因素方面来说的。

一、倡导分布式领导

分布式领导（distributed leadership）是20世纪90年代提出的一种新的教育领导理论，受到许多学者和专家的青睐，尤其在美、英、澳、加等国，已开始把这一理论应用于学校管理实践，在理论和实践上都取得了一定的成果。目前，分布式领导已经成为教育领域关注的焦点，正如哈里斯所言，"当前的领导力领域似乎被分布式领导占领。不管你持何种立场，分布式领导都是现今领导议题的核心"[1]。我国学者冯大鸣早在2004年就对分布式领导研究进行了总结，认为分布式领导研究大致可以分为三类[2]：第一类研究是对已有的相关假设和论断加以验证。这类研究显示，在领导的来源分布于整个学校组织的情况下，当教师在他们认为有意义的工作领域获得授权并在团队精神支持下开展工作时，改进学生学习结果的可能性就大为增加。第二类研究是以成功的学校实例来验证分布式领导。在这些成功的学校里，校长不再独享领导权力，分布式领导在一系列改进学生学习结果的因素里排在首位。第三类研究主要是探讨和澄清分布式领导边界

---

[1] A. Harris, "Distributed leadership:Implications for the role of the principal," *The Journal of Management Development* 1（2012）：7—17.
[2] 冯大鸣：《美、英、澳教育领导理论十年（1993—2002）进展述要》，《教育研究》2004年第3期。

的文献研究。其中包括分布式领导与行为科学所主张的参与式领导的区别；分布式领导旨在增加领导的厚度，而并不意味着放弃校长的终极责任等等。

在传统科层体制内，校长一般是中小学校的法人代表，拥有人权、事权、财权、物权等权利，是正式的领导，具有职位权威。在这种体制下，校长是行政领导者，主导着学校的一切；教师是被领导者，服从着校长的命令。如果只强调校长等行政领导的权威，教师的主体意识就会受到压制，其主动性和创造性就会受到压抑，其责任感和获得感也就不强，也不会产生教师领导者，更不会促进名师领导力的发展。分布式领导理论表现出领导层级的多主体性、领导形式的多样性、领导团队角色和职能的动态性以及领导人员的协同性。[1]实施分布式领导意味着领导权力的重新分配。校长作为学校权力的拥有者，可以变革学校的管理架构，使学校管理架构去行政化、去中心化，实现学校管理架构的扁平化。需要说明的是，变革学校的管理架构并不是说要取消学校的组织结构，而是把分布式领导作为科层组织的有益补充，当教师需要帮助时，仍能在科层组织中找到能够提供帮助的管理者。有证据表明，在开展教师合作和下放领导权的学校，教师的期望、士气和自信心都能得到显著的提高。并且，在教师能够进行合作和共享领导权的学校，教师对工作的满意度也更高。[2]

二、学会赋权增能

学校校长要学会赋权于名师。实施分布式领导的一个重要障碍是学校校长把名师领导者视为自身的严重威胁而不愿意授权。其实，实施分布式领导不是要剥夺校长的权利，而是在重视校长作用的同时，更关注非正式领导人员的分布，发挥学校领导的集体作用。学校校长还可以通过多种方式对教师领导者授权或放权：一、正式任命。这是直接授予名师领导者以行政职位，使名师领导者获得相应的权利。如让名师领导者担任中层干部，

---

[1] 蒋园园：《教师领导力的生长逻辑与实践定位——北京市中小学经验与分布式领导整合研究的视角》，《教育科学研究》2020年第10期。

[2] 阿尔玛·哈里斯、丹尼尔·缪伊斯：《教师领导力与学校发展》，许联、吴合文译，北京师范大学出版社，2007，第76页。

负责某一方面事务的管理。二、项目委任。这是随着项目变化而对名师领导者的委任。三、默许授权。随着学校非正式组织的发展，随之会产生许多共同体，这些"小团体"会形成许多非正式的名师领导者。校长可以默认这些名师领导者的存在，并提供机会发挥他们的积极作用。不管哪种方式，都需要校长等行政领导创造让名师领导者参与学校决策的机会，都需要校长等行政领导给名师领导者提供实践的机会。从这个意义上说，不仅需要校长简政放权，为名师赋权增能，还需要校长转变角色，由学校领导者变成"领导者的领导者"。国内外研究表明，校长适当对教师进行放权、对教师信任、给予教师以肯定和鼓励、与教师共担责任等会促进名师领导力的培育。

  名师也要学会赋权于追随者。斯皮兰（Spillane）认为，领导实践就是领导者、追随者和情境的互动，没有追随者的领导者不是真正意义上的领导者，领导实践的发展，既需要领导者，也需要追随者。名师要让自己的追随者强大起来，不断提升追随者的技能，使追随者能够卓有成效地开展工作。如果追随者能力不强，没有胜任力，也不会取得优异的成绩，对整个团队的支撑作用也就不明显。如果追随者没有足够的能力，反而让他们感觉与这个团队差距太大，不利于他们归属感的培养，对团队的忠诚度和承诺度也不会高。所以，名师要学会赋权，通过赋权使追随者得到锻炼，切实提升追随者的技能，促进整个团队的发展。

  名师赋权于追随者，首先，要信任追随者。相信追随者能够做好工作，取得理想的业绩，通过信任培养追随者的责任意识。其次，要给追随者自主选择权。既然授权给追随者，就尊重追随者工作的方式、工作的流程、工作的节奏，让追随者自主决定和选择一些事项，尊重他们的主人翁地位和首创精神。如果时时刻刻监视着追随者，时时刻刻都要告诉追随者什么事可以做什么事不可以做，追随者是不会有积极性、主动性和创造性的。当追随者的工作取得与名师预期目标不一致的时候，不是收回权利，而是要给追随者提供资源、信息等，给追随者以指导，做好"教练员"，然后让追随者再次尝试。最后，也是最重要的，就是要培养追随者的能力。追随者的态度、意愿、自主性等固然重要，但要把一件工作或一件事情做好，完成工作或事情的能力还是必不可少的。只有培养追随者的能力，提高他们的自信心，培养他们的责任感，让他们独当一面，他们才能更好实现组织目标，名师领导者的授权才算有意义。

参考文献

一、中文期刊

[1] 魏晓宇，程晋宽.教师领导力何以提升：基于美国教师领导力发展支持举措的分析[J].比较教育学报，2022（4）：98-116.

[2] 姚计海，沈玲，邹弘晖.教师教学自主权与教师领导力的关系：心理授权和教学自主性的中介作用[J].心理与行为研究，2022，20（1）：108-114.

[3] 李帅军，王永玉.基础教育教师专业高质量发展路径的校本探究[J].河南师范大学学报（哲学社会科学版），2022（1）：144-150.

[4] 孙杰.教师领导力的三维模型设计：构念形成、内涵特征与模型构建[J].教育学报，2021，17（6）：122-133.

[5] 周丽丽，彼得·麦克拉伦.英国新一轮中小学教师发展领导力框架改革探析[J].比较教育学报，2021（5）：118-131.

[6] 高磊."教师成为领导者"的实践困惑及其突破：基于"最美教师"的个案研究[J].中小学管理，2021（9）：43-45.

[7] 王吉康，徐继存.西方教师领导力发展的实践模式、理论模型及对我国的启示[J].比较教育学报，2021（3）：105-121.

[8] 范士红，熊梅.美国三种主要教师领导模型的分析与借鉴[J].外国教育研究，2021（5）：27-39.

[9] 张军，董秋瑾.活动理论视域下研训行一体化教师学习模式建构研究[J].教师教育研究，2021（3）：18-23.

[10] 赵莉，李王伟，徐晓东.个性化和持续性教师专业发展模式的构建与效果研究[J].中国电化教育，2021（5）：110-117+123.

[11] 王永玉.基于教学要素的听评课维度构建[J].中学政治教学参考，2021（3）：36-38.

[12] 王淑芬.教师课程领导力研究框架探析[J].社会科学战线，2020（11）：274-280.

[13] 蒋园园.教师领导力的生长逻辑与实践定位：北京市中小学经验与分布式领导整合研究的视角[J].教育科学研究，2020（10）：41-46.

[14] 朱旭东.让教师成为专业领导者：学校"硬权力"与"软权力"的融合[J].中小学管理，2020（9）：5-8.

[15] 余颖.跨界协同：在团队共建中涵育教师领导力[J].中小学管理，2020（9）：16-18.

[16] 陈德收，王学男.构建教师学习共同体：优质校师资优化的理性选择[J].中小学管理，2020（9）：21-23.

[17] 汪敏，朱永新.教师领导力研究的进展与前瞻[J].中国教育科学，2020（4）：130-143.

[18] 孙杰，程晋宽.共享、协作与重构：国外教师领导力研究新动向[J].外国教育研究，2020（1）：103-115.

[19] 王绯烨，洪成文.美国新兴教师领导力计划的理念、实操和保障[J].外国教育研究，2020（1）：116-128.

[20] 孙杰，程晋宽.从领导行为到领导思维的转变：基于国外教师领导力理论的分析[J].高教探索，2019（12）：124-128.

[21] 王绯烨，洪成文.骨干教师对教师群体的作用和影响：基于教师领导力视角的个案探讨[J].首都师范大学学报（社会科学版），2019（4）：168-177.

[22] 安富海.信息技术支持的城乡教师教学共同体构建研究[J].电化教育研究，2019（7）：70-75.

[23] 于文聪.教师领导力的角色转变及其路径探寻[J].教学与管理，2018（18）：48-50.

[24] 叶菊艳，朱旭东.论教育协同变革中教师领导力的价值、内涵及其培育[J].教师教育研究，2018，30（2）：8-15.

[25] 彭云.教师领导力的核心要素与提升路径[J].教育理论与实践，2017（23）：27-29.

[26] 刘雨田,陈时见.分布式学校领导的内涵特征与实践路径[J].全球教育展望,2017(1):109-115.

[27] 刘正伟,李玲.美国中小学教师国家专业标准改革评述[J].比较教育研究,2016(1):52-58.

[28] 覃玉荣.终身学习与教师职业生涯发展[J].中国教育学刊,2015(S1):255-256.

[29] 朱旭东.论教师专业发展的理论模型建构[J].教育研究,2014(6):81-90.

[30] 孙晓娥.扎根理论在深度访谈研究中的实例探析[J].西安交通大学学报(社会科学版),2011(06):87-92.

[31] 郭凯.教师领导力:理解与启示[J].课程·教材·教法,2011(6):107-112.

[32] 郑爽,胡凤阳."名师热"的冷思考[J].教育学术月刊,2011(3):53-55.

[33] 杜芳芳.教师领导力:学校变革的重要力量[J].教育发展研究,2010(18):47-51.

[34] 乜勇,魏久利.教育研究的第三范式:混合方法研究[J].现代教育技术,2009(9):19-23.

[35] 吴颖民.国外对中小学教师领导力问题的研究与启示[J].比较教育研究,2008(8):52-57.

[36] 方健华.教师专业成长的土壤、空间与路径:以江苏名师为例[J].当代教育科学,2007(3-4):52-55.

[37] 吕巾娇,刘美凤,史力范.活动理论的发展脉络与应用探析[J].现代教育技术,2007(1):8-14.

[38] 中国科学院"科技领导力研究"课题组.领导力五力模型研究[J].领导科学,2006(9):20-23.

[39] 钟启泉.教学活动理论的考察[J].教学研究,2005(5):36-42+49.

[40] 王铁军,方健华.名师成功:教师专业发展的多维解读[J].课程·教材·教法,2005(12):70-78.

[41] 项国雄,赖晓云.活动理论及其对学习环境设计的影响[J].电化教育研究,2005(6):9-14.

[42] 杨莉娟.活动理论与建构主义学习观[J].教育科学研究,2000(4):59-65.

二、中文专著

[1] 理查德·E.梅耶.应用学习科学：心理学大师给教师的建议[M].盛群力，丁旭，钟丽佳，译.北京：中国轻工业出版社，2016.

[2] 詹姆斯·M.库泽斯，巴里·Z.波斯纳.领导力：如何在组织中成就卓越[M].6版.徐中，沈小滨，译.北京：电子工业出版社，2018.

[3] 中国社会科学院语言研究所词典编辑室.现代汉语词典[M].7版.北京：商务印书馆，2016.

[4] 何九盈，王宁，董琨.辞源[M].北京：商务印书馆，2015.

[5] 周晓静，郭宁生.教师领导力[M].北京：北京师范大学出版社，2014.

[6] 彼得·阿特斯兰德.经验性社会研究方法[M].李路路，林克雷，译.北京：中央文献出版社，1995.

[7] 恩斯特·卡西尔.人论[M].甘阳，译.上海：上海译文出版社，1985.

[8] 李学勤.字源[M].天津：天津古籍出版社，2012.

[9] 韦恩·K.霍伊，塞西尔·G.米斯克尔.教育管理学：理论·研究·实践[M].7版.范国睿，主译.北京：教育科学出版社，2007.

[10] 阿尔玛·哈里斯，丹尼尔·缪伊斯.教师领导力与学校发展[M].许联，吴合文，译.北京：北京师范大学出版社，2007.

[11] 杨晓明.SPSS在教育统计中的应用[M].北京：高等教育出版社，2004.

[12] 教育部师范教育司.教师专业化的理论与实践[M].北京：人民教育出版社，2003.

[13] 托马斯·J.萨乔万尼.道德领导：抵及学校改善的核心[M].冯大鸣，译.上海：上海教育出版社，2002.

[14] 彼得·诺思豪斯.领导学：理论与实践[M].2版.吴荣先，等译.南京：江苏教育出版社，2002.

[15] 陈向明.教师如何作质的研究[M].北京：教育科学出版社，2001.

[16] 马克斯威尔.质的研究设计：一种互动的取向[M].朱光明，译.重庆：重庆大学出版社，2007.

[17] 叶澜.教育研究方法论初探[M].上海：上海教育出版社，1999.

[18] J. 莱夫，等. 情境学习：合法的边缘性参与 [C]. 王文静，译. 上海：华东师范大学出版社，2004.

三、其他文献

[1] 教育部党组. 筑牢教育强国建设之基 [N]. 人民日报，2022-06-09（9）.
[2] 车琪. 基层教研员教学领导力的发展研究：以 W 市 H 区为例 [D]. 上海：华东师范大学，2017.
[3] 许天佑. H 地区中学教师领导力对学生学习的影响研究 [D]. 武汉：华中师范大学，2012.
[4] 陈娜. 数字化学习环境下中小学教师领导力的评价指标体系研究 [D]. 上海：上海师范大学，2012.
[5] 郑太年. 学校学习中知识意义的缺失和回复 [D]. 上海：华东师范大学，2004.

四、外文期刊

[1] CHERKOWSKI SABRE. Positive Teacher Leadership：Building Mindsets and Capacities to Grow Wellbeing［J］. International Journal of Teacher Leadership，2018，9（1）：63–78.
[2] HUNZICKER JANA. From Teacher to Teacher Leader：A Conceptual Model［J］. International Journal of Teacher Leadership，2017，8（2）：1–27.
[3] ANKRUM RAYMOND J. Utilizing Teacher Leadership as a Catalyst for Change in Schools［J］. Journal of Educational Issues，2016，2（1）：151–165.
[4] COSENZA MICHAEL N. Defining Teacher Leadership：Affirming the Teacher Leader Model Standards ［J］. Issues in Teacher Education，2015，24（2）：79–99.
[5] DE VILLIERS ELSABÉ，PRETORIUS，SG. Democracy in Schools：Are Educators Ready for Teacher Leadership？［J］. South African Journal of Education，2011，31（4）：574–589.
[6] EMIRA M. Leading to Decide or Deciding to Lead？ Understanding the Relationship Between Teacher Leadership and Decision Making[J].

Educational Management Administration & Leadership, 2010, 38(5): 591–612.

[7]　THORNTON HOLLY J. Excellent Teachers Leading the Way: How to Cultivate Teacher Leadership[J].Middle School Journal, 2010, 41(1): 36–43.

[8]　MARGIN MELINDA M. Facilitating Elementary Principals' Support for Instructional Teacher Leadership[J]. Educational Administration Quarterly, 2007, 43(3): 94–99.

[9]　ANITA P, GAYLE M. What the Teacher Leader Needs from the Principal [J]. Journal of Staff Development, 2007, 28(1): 32–34.

[10]　MUIJS D, HARRIS A.Teacher Led School Improvement: Teacher Leadership in the UK [J]. Teaching and Teacher Education, 2006, 22(8), 961–972.

[11]　HARRIS A. Distributed Leadership and School Improvement Leading or Misleading？[J]. Educational Management Administration & Leadership, 2004, 32(1): 11–24.

[12]　FROST D, HARRIS A. Teacher Leadership: Towards a Research Agenda[J]. Cambridge Journal of Education, 2003, (3): 479–498.

[13]　BUCKNER K G, MCDOWELLE J O. Developing Teacher Leaders: Providing Encouragement, Opportunities, and Support [J]. NASSP Bulletin, 2000, 84: 35–41.

[14]　FEILER R, HERITAGE M, GALLIMORE R. Teachers Leading Teachers[J]. Educational Leadership, 2000, 57(7): 66–69.

[15]　CAINE G, CAINE R N. The Learning Community as a Foundation for Developing Teacher Leaders[J]. NASSP Bulletin, 2000, 84(616): 7–14.

[16]　BUCKNER K G, MCDOWELLE JAMES O. Developing Teacher Leaders: Providing Encouragement, Opportunities, and Support [J]. NASSP Bulletin, 2000, 84: 35–41.

[17]　ALLEN K E, STELZNER S P, WIELKIEWICZ R M. The Ecology of Leadership Adapting to the Challenges of a Changing World [J]. the Journal of Leadership Studies, 1998, 5(2): 62–82.

[18]　LEBLANC P R, SHELTON M M. Teacher leadership: the Needs of Teachers[J]. Action in Teacher Education, 1997, 19: 32–48.

[19]　CLEMSON-INGRAM R, FESSLER R. Innovative Programs for

Teacher Leadership [J]. Action in Teacher Education, 1997, 19:
95–106.

[20] MUIJS D, HARRIS A. Teacher Led School Improvement: Teacher Leadership in the UK [J]. Elementary School Journal, 2006, (1): 961–972.

[21] DARLING-HAMMOND L, BULLMASTER M L, COBB V L. Rethinking Teacher Leadership Through Professional Development Schools [J]. Elementary School Journal, 1995, 96: 87–106.

[22] FRIEDMAN M, BROWNELL K. Psychological Correlates of Obesity: Moving to the Next Research Generation. Psychological Bulletin, 1995, 117(1): 3–20.

[23] TAYLOR D L, BOGOTCH I E. School-level Effects of Teachers' Participation in Decision Making [J]. Educational Evaluation and Policy Analysis, 1994, 16: 302–319.

五、外文专著

[1] ELEANOR BLAIR HILTY. Teacher leadership: the New Foundations of Teacher Education [M]. New York: Peter Lang, 2011.

[2] KUUTTI K. Activity Theory as a Potential Framework for Human-Computer Interaction Research [M]. Cambridge: Massachusetts Institute of Technology, 2008.

[3] HARRIS A, MUIJS D. Improving Schools through Teacher Leadership[M]. Maidenhead: Open University Press, 2005.

[4] MURPHY J. Connecting Teacher Leadership to School Improvement[M]. Thousand Oaks, CA: Corwin Press, 2005.

[5] HARRIS A, LAMBERT L. Building Leadership Capacity for School Improvement[M]. Buckingham: Open University Press, 2003.

[6] YUKL G. Leadership in Organizations [M]. 3rd ed. Englewood Cliffs, NJ: Prentice Hall. 1994.

[7] STOGDILL R M. Handbook of Leadership: A Survey of Theory and Research[M]. New York: The Free Press, 1974.

六、其他文献

[1] Teacher Leadership Exploratory Consortium. Teacher Leadership Model Standards[EB/OL]. [2018-07-11]. http：//www. doc88. com/p-7704492032124. html.

[2] MINTZBERG H. The Leadership Debate with Henry Mintzberg：Community-ship is the Answer[N]. Financial Times，2006-10-23.

[3] KRISKO M E. Teacher Leadership：A Profile to Identify the Potential[R]. Paper Presented at Unc Biennial Convocation of Kappa Delta Pi, Orlanda, FL, 2001.

[4] SNELL J, SWANSON J. The Essential Knowledge and Skills of Teacher Leaders：A Research for a Conceptual Framework[R]. Paper Presented at the Annual Meeting of the American Educational Research Association，New Orleans, L. A.，2000.

附 录

附录 A：河南省中原名师培育对象（2020—2022）领导力现状调查问卷

尊敬的老师：

您好！河南省中原名师培育对象是我省教师梯队攀升体系中的重要组成部分，处于"金字塔"的顶端位置。为全面反映领导力现状，请您帮忙完成以下问卷。请您认真阅读以下问题，根据实际情况选择答案，并用"√"号在相应的选项处标出。问卷采用不记名方式，您提供的答案仅作为研究资料进行分析使用，绝不会向外透露您的信息和隐私，请您不要有任何顾虑。本问卷中的问题没有正确或错误之分，请您根据实际情况如实填写。最后，对您的理解、支持和参与表示诚挚的感谢！

一、基本信息部分

1. 您的性别：
   □男　□女

2. 您的年龄：
   □35岁以下　□35—40岁　□41—45岁　□46—50岁　□50岁以上

3. 您的学历：
   □专科　□本科　□硕士（在读）　□博士（在读）

4. 您的职称：
   □一级教师　□高级教师　□正高级教师

5. 您的教龄：
   □10—15年　□16—20年　□21—25年　□26—30年　□30年以上

6. 您任教的学科：
   □语文　□数学　□英语　□物理　□化学　□生物学
   □道德与法治　□历史　□地理　□体育　□音乐　□美术
   □综合实践　□信息技术　□心理健康

7. 您在校内承担的职务：
   □科任老师　□教研组长　□中层干部　□班主任
   □校级领导　□其他

8. 您所在学校的地理位置：
   □市区　□县区　□乡镇　□农村

9. 您所在的学段：
   □普通高中　□初中　□小学　□幼儿园

10. 您所在学校的层级：
    □省级示范性学校　□市级示范性学校　□市级一般学校
    □县级重点学校　□县级一般学校　□其他

二、量表测试部分

1. 利用团队形式与同事共同努力，解决问题，做出决策，管理冲突，促进有意义的变革。

    □从不　□很少　□有时　□经常　□总是

2. 掌握有效的倾听、表达想法、引导讨论、澄清、协调和识别自我与他人需求的技能，以促进共同目标的实现和专业学习的提升。

    □从不　□很少　□有时　□经常　□总是

3. 增进同事之间的信任，发展集体智慧，开展支持学生的活动。

    □从不　□很少　□有时　□经常　□总是

4. 努力创造具有包容性的文化，在应对挑战时包容不同的观点。

    □从不　□很少　□有时　□经常　□总是

5. 加强与不同背景、文化和语言的交流，促进同事之间的有效互动。

    □从不　□很少　□有时　□经常　□总是

6. 帮助同事加强研究，以选择适当的策略来提高学生的学习成绩。

    □从不　□很少　□有时　□经常　□总是

7. 共同促进学生学习数据的分析和结果的应用，提高教学质量。

    □从不　□很少　□有时　□经常　□总是

8. 支持同事与相关的高等教育机构或其他组织合作，从事关键教育问题的研究。

    □从不　□很少　□有时　□经常　□总是

9. 帮助和支持同事收集、分析课堂数据，提高教学质量。

    □从不　□很少　□有时　□经常　□总是

10. 根据学校目标，与同事和学校管理人员合作，规划团队的专业学习，这样的规划是基于团队的，工作是嵌入式的、持续一段时间的、与课程标准一致的。

    □从不　□很少　□有时　□经常　□总是

11. 利用有关教师学习的信息，识别和促进不同的、有区别的专业学习，以应对同事的多样化学习需求。

    □从不　□很少　□有时　□经常　□总是

12. 为促进同事之间的专业学习创造便利条件。

    □从不　□很少　□有时　□经常　□总是

13. 识别并使用适当的技术促进协作和差异化的专业学习。

　　□从不　□很少　□有时　□经常　□总是

14. 与同事合作，收集、分析和传播与教师专业学习、教学和学生学习有关的数据。

　　□从不　□很少　□有时　□经常　□总是

15. 倡导做好充分的准备，支持同事以团队的形式工作，进行工作嵌入式的专业学习。

　　□从不　□很少　□有时　□经常　□总是

16. 向同事提供建设性意见，以加强教学实践，提高学生的学习水平。

　　□从不　□很少　□有时　□经常　□总是

17. 在规划和促进专业学习方面使用关于新兴教育、经济和社会发展趋势的信息。

　　□从不　□很少　□有时　□经常　□总是

18. 收集、分析和使用基于课堂和学校的数据，以确定改进课程、教学、评价、学校组织和学校文化的机会。

　　□从不　□很少　□有时　□经常　□总是

19. 在观察教学、学生学习和评估数据的基础上，结合实践，与同事进行反思对话。

　　□从不　□很少　□有时　□经常　□总是

20. 通过担任导师、教练和促进者等角色，支持同事个人和集体反思，从而促进专业成长。

　　□从不　□很少　□有时　□经常　□总是

21. 作为团队的领导，根据同事的技能、经验和知识去表达对课程及学生的学习期望。

　　□从不　□很少　□有时　□经常　□总是

22. 利用新技术指导同事，帮助学生熟练运用互联网，利用社交媒体促进协作学习，并与世界各地建立联系。

　　□从不　□很少　□有时　□经常　□总是

23. 改进教学策略，以解决教室中各式各样的问题，并保持公平性，同时确保学生的学习需求仍然是教学的中心。

　　□从不　□很少　□有时　□经常　□总是

24. 提高同事识别和使用符合国家和地方标准的多种评估工具的能力。

　　□从不　□很少　□有时　□经常　□总是

25. 与同事合作设计、实施学生评估方法，并学会解读，提高教师的教育实践和学生的学习水平。

　　□从不　□很少　□有时　□经常　□总是

26. 营造一种肯定和批判性反思的氛围，让同事参与到关于学生学习的富有挑战性的对话中，从而找出问题的解决方案。

☐从不　☐很少　☐有时　☐经常　☐总是

27. 与同事合作，利用评估和数据促进教学实践或组织结构的变化，以提高学生的学习成绩。

☐从不　☐很少　☐有时　☐经常　☐总是

28. 利用对学校和社区不同背景、文化和语言的认识和理解，促进同事与家庭、社区之间的有效互动。

☐从不　☐很少　☐有时　☐经常　☐总是

29. 示范、讲授有效的与家庭和其他利益相关者的交流合作技能。

☐从不　☐很少　☐有时　☐经常　☐总是

30. 协助同事检讨对社区文化和多样性认识方面的不足，以及如何制定文化适应策略，丰富学生的教育经验，使所有学生都能实现高水平的学习。

☐从不　☐很少　☐有时　☐经常　☐总是

31. 家庭和社区对教育的需要不同，在这方面与同事达成共识。

☐从不　☐很少　☐有时　☐经常　☐总是

32. 与同事合作，制定综合策略，以满足家庭和社区的不同教育需求。

☐从不　☐很少　☐有时　☐经常　☐总是

33. 与区域内外的同事分享关于地方和国家动向，以及政策如何影响课堂实践和学生学习期望的信息。

☐从不　☐很少　☐有时　☐经常　☐总是

34. 与同事合作，分析并利用研究成果，倡导满足所有学生需求的教学过程。

☐从不　☐很少　☐有时　☐经常　☐总是

35. 与同事合作，选择适当的机会，维护学生的权利或满足学生的需要，争取更多的资源以支持学生的学习，并与利益相关者如家长和社区成员进行有效沟通。

☐从不　☐很少　☐有时　☐经常　☐总是

36. 主张获得专业资源的支持，包括财政、人力和其他物质资源，使同事能够花较多时间学习有效的做法，并建立一个专注于学校改进目标的专业学习共同体。

☐从不　☐很少　☐有时　☐经常　☐总是

37. 在课堂之外的环境中代表和倡导自己所从事的专业。

☐从不　☐很少　☐有时　☐经常　☐总是

附录B：访谈提纲

一、访谈准备工作

（一）简要介绍研究情况，对访谈对象接受访谈表示感谢，并承诺本研究遵循保密原则，访谈内容仅作为研究资料，请访谈对象放心回答。

（二）准备好纸、笔和录音设备。

（三）提前了解访谈对象的姓名、性别、年龄、学校类别、任教学科等个人基本信息。

二、访谈问题

（一）请谈谈您对"名师领导力"的理解。

（二）请您大致归纳名师领导力所包含的维度。

（三）请您结合自身工作实际，例谈怎样成为一个教师领导者。

（四）您认为影响名师领导力发展的因素有哪些？

（五）在领导力发展的过程中，制度和规则给您带来什么影响？

（六）在领导力发展的过程中，您认为应该怎样处理各方面的关系？

（七）就开发和提升名师领导力，您有什么好的建议？

附录C：中原名师培育对象候选人遴选条件

（一）全面贯彻党的教育方针，热爱教育事业，以立德树人为己任，具有坚定的教育理想与教育家情怀，思想政治素质过硬，师德高尚。

（二）获得河南省中小学省级名师称号，教学业绩突出，育人效果显著，较好发挥了示范引领作用，在省内外同学科教师中有较高知名度和影响力。

（三）具有强烈的自我发展需求和较强的教育教学研究能力，获全省优质课比赛一等奖（省幼儿园教师基本功比赛和游戏活动比赛一等奖）；或主持省级及以上科研课题并结项。

（四）具有中小学中级及以上专业技术职务，年龄不超过50周岁。出版有个人学术著作，并以第一署名获得过省级及以上教学成果一等奖者，年龄可适当放宽。

（五）正职校（园）长候选人应担任学科教学工作，推荐比例不得超过推荐指标的 10%。

（六）重视教学团队建设，每年指导和帮助 5—10 名中青年教师不断提高教学水平；承担过市级以上示范课、公开课、观摩课任务；承担过"国培计划""省培计划"教学等工作；承担校本研修的培训指导工作；对全省教师梯队攀升体系建设做出重要贡献。

（七）非国家"高层次人才特殊支持计划"教学名师和"中原英才计划"教学名师、中原教研名家。

附录 D：河南省中原名师培育对象（2020—2022）考核评价内容

一、个人发展目标考核

（一）培育对象要以实践型教育名家为目标，以凝练个人教育思想为核心，制定以三年为周期的个人发展规划。主要内容包括：以凝练个人教育思想（或教学主张或教学风格）为核心的个人发展规划目标与任务；个人已有的教育科研和教学实践经验基础与个人发展优势；科学制定总体发展目标、年度发展目标及实现目标的具体路径；实现个人发展规划所需要的专业支持和条件保障；实现个人发展过程中可能遇到的困难和问题分析，以及破解难题的方式、方法和路径。

（二）培育对象要按照个人发展规划认真达成个人年度发展目标，按时提交个人年度发展总结报告。主要内容包括：个人年度发展的目标任务与完成情况；实现个人年度发展目标的路径与措施；在实现个人年度发展目标过程中遇到的困难和问题。

二、理论研修考核

（一）按要求参加集中研修活动。培育对象要结合集中研修期间的课程学习，撰写一篇研修报告，字数要求 5000 以上。

（二）认真开展读书学习活动。培育对象每学年要完成三篇读书报告，每篇不少于5000字。读书报告要求结合个人发展目标、课题研究、教学实践等相关内容撰写。

（三）积极开展学术研讨活动。培育对象每年要组织举办一次区域性学术研讨会，并按照培育基地及导师要求参加有关学术研讨活动。按时提交学术研讨工作报告（包括活动方案和活动成果综述等），具体要求是：活动方案要有明确的主题，且活动主题应与本人的教育思想相吻合，与本人开展的课题研究相结合；活动方案要有明确的时间、地点、参与人员和级别（县、市、省级）；活动要有恰当的组织形式和条件保障措施；活动要有丰富具体的内容（可包括：本人、工作室成员和学员及区域内其他名师的课堂展示和研讨；展示本人教育思想的学术报告等）。

三、实践研修考核

培育对象要坚持工作在教育教学一线，积极完成个人承担的教育教学任务；每学年指导培养青年教师5名以上，并取得明显成效；每学年在本校内听评课不少于10节，组织校本研修活动不少于5次；每学年上本学科示范课不少于6节，其中，县级及以上公开课不少于2节；按要求参加中原名师培育工程项目办公室（以下简称"项目办"）和培育基地安排的实践研修活动，积极承担各级教育行政部门和导师安排的培训讲课任务；积极承担送教下乡、教师培训、专题讲座、校本课程开发、教学改革等任务；努力加强自身师德修养，积极开展学生指导工作。

四、名师工作室和教师发展学校建设考核

科学制定周期为三年的名师工作室和教师发展学校建设规划方案，按时提交名师工作室和教师发展学校建设年度工作报告。

工作单位是基础教育教学研究室、教师进修学校的培育对象，要结对帮扶当地一所薄弱学校并开展教师发展学校建设工作，两个单位要签署教师发展学校共建协议，制定帮扶工作方案。培育对象要在共建学校承担一定的教学工作任务，按照要求完成实践研修任务。名师工作室可以建在本单位，也可以建在共建学校。

五、教育科研考核

（一）中原名师培育工程课题列入河南省基础教育教学研究项目专项，培育对象的课题申报不占用当地课题申报指标，申报材料由所在省辖市、直管县（市）教研部门统一报送至河南省基础教育教学研究室。培育对象主持的课题已经列入河南省基础教育教学研究项目的，将课题有关材料上传至考核管理平台，可以被直接认定为中原名师专项课题，在其他部门立项的，将不予认定。

（二）课题考核与评审工作。培育基地负责按时完成立项申报书、文献综述、开题报告、中期报告、研究成果报告等有关文本材料的考核工作。项目办组织成立中原名师专项课题评审专家组，按照河南省基础教育教学研究项目有关规定开展课题立项、结项评审工作。

（三）培育对象申报的课题要围绕基础教育教学中的重点、难点、热点问题，积极探索在各学科、各学段发展素质教育和推进育人方式改革等方面的策略、路径、方法（案），通过研究能够解决教育教学实际问题；课题研究要能够与自己的教育教学工作相结合，与自己专业发展方向相结合，通过研究凝练自己的教育思想，形成自己的教学主张和教学风格；课题研究要注重科学性、针对性、创新性、实证性、可操作性，研究成果具有一定的普适性和推广应用价值。课题研究时间为1—2年。

附录E：河南省中原名师工作室考核评价标准

工作室名称：

考评项目和指标		考评内容及权重	考评方式
工作室 （30分）	目标定位 （5分）	（3分）工作室建设目标及定位清晰合理、有意义、有层次。（2分）培养目标详实具体，体现个性化	查看资料 听取汇报
	发展规划 （5分）	（3分）工作室发展规划、年度工作计划和专题活动方案具有较强针对性和可操作性。（2分）工作室成员在培养期内有切合实际的发展计划	查看资料 听取汇报
	组织管理 （5分）	（2分）领导重视，对工作室各项工作给予大力支持。（3分）制定有完善的运作、考核、管理制度	查看资料 听取汇报
	条件保障 （5分）	（1分）设立独立办公场所。（2分）经费落实到位。（2分）所需设施配备齐全、图书资料丰富	查看资料 实地考察
	资源建设 （5分）	（2分）充分利用网络平台，及时发布工作动态和研究成果，不断更新、充实课程资源库内容。（3分）建立成员档案，各项活动材料分类建档，档案管理科学、规范、完善	查看资料 实地考察
	活动开展 （5分）	（2分）创新校本研修模式，重视校本研修的评价和总结工作。（3分）定期开展校本研修活动，活动质量高、效果好，活动记录真实具体	查看资料 实地考察 座谈访谈
主持人 （40分）	教学实践 （10分）	（2分）认真学习和研究教育教学理论，积极探索符合自身特点的有效教学方式、方法，并加以总结提升。（4分）带领工作室全体成员深入课堂，适时组织开展教学实践研究活动。（4分）按要求完成听评课、示范课、公开课讲座任务	查看资料 实地考察 座谈访谈

续表

考评项目和指标		考评内容及权重	考评方式
主持人（40分）	课题研究（10分）	（2分）在3年工作周期内主持并带领成员完成至少一项市级以上(含市级)教学科研课题。（3分）课题研究过程扎实，有阶段性成果，结题资料完善。（3分）每学年至少有一篇教育教学论文获市级以上（含市级）奖项或正式发表。（2分）注重课题研究成果在一定范围的推广并取得实效	查看资料 座谈访谈
	专业引领（10分）	（2分）加强对成员的职业道德教育，引领成员形成良好的专业生活方式。（3分）认真指导成员开展教学研究和教学实践，成员专业发展成效明显。（2分）积极承担各级教师培训任务。（3分）送教下乡、帮扶薄弱学校每学年不少于2次，有计划、有落实、有过程性材料	查看资料 座谈访谈
	常规工作（10分）	（3分）认真做好年度工作总结，对成员进行学期考核及鉴定。（4分）加强对成员的考勤管理、学习管理、活动管理，与成员所在学校联系紧密，关系良好。（3分）发挥团队作用，工作室各项管理规范有序	查看资料 座谈访谈
成员（30分）	合作意识（5分）	（2分）尊重同事，具有较强的合作意识。（3分）有效完成主持人分配的工作	查看资料 座谈访谈
	规划总结（10分）	（3分）制定个人发展规划。（3分）制订读书计划，并按计划有效开展读书活动，个人研修笔记完整详细。（4分）工作有计划、有记录、有反思、有总结	查看资料 座谈访谈
	课堂教学（5分）	（2分）每学期听评课活动不少于10节次。（3分）每学期至少进行1次校内教学展示	查看资料 座谈访谈
	教学研究（5分）	（2分）在工作室工作周期内参与或主持完成1项县级（或县级以上）课题研究。（3分）其课题研究成果在一定范围内推广应用	查看资料 座谈访谈
	目标达成（5分）	（2分）理论水平和课堂教学水平提高明显。（3分）较好完成阶段性发展目标	查看资料 座谈访谈

附录F：河南省教师发展学校考核评价标准

学校名称：

考评项目和指标		考评内容及权重	考评方式
建设规划 （10分）	发展理念 （2分）	（2分）具有现代教育理念，有结合校情实际的独特理解，文字表述严谨、明确	查看资料 听取汇报
	发展目标 （3分）	（3分）教师发展学校建设目标明确，定位适切、描述清晰、符合校情、有发展高度	查看资料 听取汇报
	发展规划 （5分）	（1分）教师专业发展学校建设纳入学校整体规划。（2分）积极与大学开展合作，建设规划具有较强的针对性和可操作性。（2分）教师具有专业发展的自主意识，制订自我发展目标，学校有效指导教师制定专业发展规划	查看资料 听取汇报
管理运行 （50分）	组织机构 （5分）	（1分）建立专门的工作机构，配备专门人员，制定工作计划，构建有校本特色的操作模式。（2分）学校、年级组、教研组、备课组有相应的活动计划和工作记录。（2分）工作职责明晰，月度有检查，学期有总结，学年有考核	查看资料 实地考察
	条件保障 （5分）	（1分）建立健全相应的规章制度。（2分）学校为教师发展划定专项经费，提供必要的场地、设备、图书资料。（2分）积极为教师发展提供机会	查看资料 实地考察
	校本研修 （30分）	（6分）研修方案切实可行，时间安排合理，研修内容具有较强的针对性和实效性。（6分）建立校本研修网络支持平台，为教师的学习、交流提供方便。（6分）全体教师参与，构建多种校本研修操作模式，体现多层次教师发展需求。（6分）研修方式灵活多样，教师进行自我反思、同伴互助氛围浓厚。（6分）参与师范生培养，聘请大学、教研机构的专家、其他学校优秀教师进行合作和专业引领	查看资料 实地考察 座谈访谈

续表

管理运行（50分）	评价机制（10分）	（2分）有校级评价组织、开发工具、制定程序，统一实施各种形式的评价活动。（4分）建立教师自评互评、学生评价、家长评价、专家评价、学校综合评价等多元化评价体系，评价内容符合学校的实际情况。（4分）评价标准、内容反映教师发展的实情，体现教师发展的各个方面，教师对评价结果认同度高，有助于促进教师发展	查看资料 实地考察 座谈访谈
教师发展（20分）	个体发展（10分）	（2分）校内有学科见长、教法独到、带教有方的领衔教师不少于5%。（3分）个人专业发展规划体现前瞻性，目标的达成度高，年度达成率不低于70%。（2分）教师在教学、科研、教育能力全面提高的基础上，形成个性化教学风格，教有特长的教师以3%—5%的比例逐年递增。（3分）学生学习进步、成绩提高、获奖显著，对教师教育教学的接受，对教师人格的热爱和尊重体现教师发展的成效	查看资料 实地考察 座谈访谈
	团队发展（10分）	（2分）县级以上骨干教师、学科带头人比例稳步增加，学历层次逐年提高。（4分）组织探讨教育教学问题，并有案例研究、课例研究、叙事研究、网络博客等佐证资料。（4分）备课组、教研组、年级组等各层级形成良好的团队合作关系，学习型组织特征明显	查看资料 实地考察 座谈访谈
示范辐射（20分）	校际结对（10分）	（5分）学校与1—2所其他学校结对，进行全方位的合作和指导，并通过学科组"一帮一"落实结对的各项任务。（5分）每年派出不少于教师总数5%的优秀教师到结对学校开展支教，并接收结对学校同等数量的教师来校见习	查看资料 实地考察 座谈访谈
	成果推广（10分）	（5分）每学期进行工作成果总结，内容主要为学校的学期、年度自评，教师个人发展目标的阶段性自查，教师发展成果的校内展示。（5分）每学年向其他学校进行成果的辐射与示范指导，包括公开教学、研讨会、经验总结、学术报告、科研成果发布等	查看资料 实地考察 座谈访谈